战略创新之设计思维

商学院和设计学院不教你的秘诀

[加] 伊卓里斯 · 穆提（Idris Mootee）◎著
姜卉◎译

DESIGN THINKING

FOR STRATEGIC INNOVATION

WHAT THEY CAN'T TEACH YOU AT BUSINESS OR DESIGN SCHOOL

机械工业出版社
China Machine Press

图书在版编目（CIP）数据

战略创新之设计思维：商学院和设计学院不教你的秘诀/（加）伊卓里斯·穆提（Idris Mootee）著；姜卉译.
—北京：机械工业出版社，2017.7
书名原文：Design Thinking for Strategic Innovation: What They Can't Teach You at Business or Design School

ISBN 978-7-111-57525-2

I. 战… II. ① 伊… ② 姜… III. 企业战略 – 战略管理 – 研究 IV. F272.1

中国版本图书馆CIP数据核字（2017）第178913号

本书版权登记号：图字：01-2016-3134

战略创新之设计思维：商学院和设计学院不教你的秘诀

出版发行：机械工业出版社（北京市西城区百万庄大街22号 邮政编码：100037）

责任编辑：陈佳媛	责任校对：李秋荣
印　　刷：北京文昌阁彩色印刷有限责任公司	版　　次：2017年8月第1版第1次印刷
开　　本：203mm×203mm 1/20	印　　张：10 6/10
书　　号：ISBN 978-7-111-57525-2	定　　价：79.00元

凡购本书，如有缺页、倒页、脱页，由本社发行部调换

客服热线：（010）88379426 88361066	投稿热线：（010）88379604
购书热线：（010）68326294 88379649 68995259	读者信箱：hzit@hzbook.com

推 荐 序

我们的世界正变得日益复杂且难以解释。多种力量——技术、管控、竞争等作用于某一特定的情境，形成了事情发生的可能性与可信性的规则。对于创新者而言，发现最具有价值的机会面临越来越大的挑战，特别是对于那些使用传统工具的创新者。当需要更多有实质的创新来获取竞争优势时，新产品开发过程通常会炮制出更多的、仿造的解决方案。

对于高层管理者来说，从创新中传递可预测的、一致的并有意义的价值仍然是最大的挑战，但他们中的大多数都发现挑战太难以致无法攻克。与那些基本放弃或者依靠纯粹的运气来获取价值的公司不同，其他的公司都会默默尝试各式各样的创造性过程，以期能够带来较多收益。尽管这些方法一定能带来成功，但它们的重复性非常低，而这些重复性恰恰是任何大型组织都必需的。

本书提供了针对现状可供选择的方案，这是一些具有领先优势的公司已经开始采用的方案。以顾客行为的基本驱动因素、这些因素与周围生态系统的作用以及因素间的相互作用为基础，设计思维能够去除不确定性，巩固创新性。

尽管设计思维本身不是新兴事物，但 Idris 重新审视了设计思维能力在现代企业中的实际应用，旨在提高企业的创新绩效。这本书不是在设计可能性问题上的学术性探究，而是一个务实的解释，解释如何在组织中运用设计原则，让组织探寻到隐藏在传统工作方式中的宝贵机会。

本书介绍了一种工作的框架和方式，适用于今天大多数决策公司所面临的动态多变和不确定性。它还分享了将一种新的基于设计思维的工具包嵌入现代企业的方法，这将激发起新的合作、洞察和学习浪潮，能够改进决策质量，为最佳机会配置资源，最终形成更加统一的价值创造流。

Idris 挑战了用以支持现代企业管理制度的哲学，并提供了一种替代方案，使企业能够适应影响其内部和商业绩效的力量。

这种模式对现状提出了挑战，并倡导以下理念：

- 从统一性中寻求灵活性；
- 从答案中探索问题；
- 对关键假设进行批判性思考；
- 从组织架构中建设团队；
- 从学习中聚焦行动。

创新驱动的公司必须在其成长动力的核心上布局不同程度的能力，将艺术和科学融入商业环境。这需要组织的灵活性以及一种学习文化。设计思维可以成为一个有效的工具，使这两个属性在公司文化中繁荣发展。

这本书还提出了一个全新的需求：经济可行性和设计两方面需要在互补和共生的方式下共存。设计常常被用作忽视经济学的借口，这没有任何意义。新产品的纯粹美学吸引力或新服务体验的强大的情感联系并不能作为不赚钱的商业议题的正当借口。下文的模型提供了一个强大的设计版本，能实现期望、现实性和经济可行性的适当平衡。

苹果公司面临的所有风险都集中在产品形式、用户体验和设计上，同时也非常关注成本控制、效率和利润。每天都让客户愉悦是驱动其以硬件为中心的业务模式的力量。没有设计，就没有商业模式；没有商业模式，也就没有设计。

如今对这种整合思维的需求比以往都大。技术以越来越崭新的方式将人、地方和目标以指数型增长的速度联系起来。在物质和意识层面，为了发掘这些复杂关系的价值，需要充分理解这些相互作用的性质。

Idris 为试图嵌入文化的公司设置了高高的门槛。然而，书中提到的成功带来的回报表明，这似乎是值得投资的。

Erik Roth

Eric 是麦肯锡全球创新实践的领导者，并且是该公司的合作伙伴。他是《Seeing What's Next: Using the Theories of Innovation to Predict Industry Change》一书的合著者

译 者 序

世界环境日益复杂且瞬息万变，新技术、新产品层出不穷。而互联网的出现与迅猛发展，使得企业与企业之间、企业与人之间、人与人之间的联结愈加紧密，地理位置已不再是限制商业的重要条件之一，地球真的缩小为一个村落。从宏观上看，商业系统的范围越来越大，也越来越难以控制；从微观上看，消费者对商品的要求越来越高，越来越个性化。在这样的环境演变下，商业表面上生机勃勃、繁花似锦，实地里则是暗流涌动、险象环生。创新创业越来越大众化、繁荣化，但竞争却是越来越惨烈，更有不少创业公司在刚刚萌芽之际即惨遭扼杀。而一些已经在业内占据有利竞争地位的公司在商业浪潮的冲击下亦感觉到岌岌可危。在新的竞争态势下，战略创新成为必需，而设计思维就是实现战略创新的一种可供选择的方法与手段。

与批判性思维对思想进行解构的过程相反，设计性思维是构建思想的过程。本书作者 Idris 定义设计思维为“探寻在管理与技术、结构与混乱、直觉与逻辑、概念与执行、玩笑与拘谨以及控制与授权之间的一种奇妙的平衡”。既然是奇妙的平衡，就多了一层“只可意会，不可言说”的意味在里面。因而，相对一些学术性专著而言，本书的学术气味并不浓厚，但这也正是本书的特点与价值所在。Idris 认为设计思维应当以人为中心，以顾客体验为先导，强调在商业实践中应用设计思维应对商业挑战，这些挑战包括企业成长、可预测性、变化等方面。对于新创公司而言，拥有设计思维无疑会为企业带来先手优势；而对于传统行业的成熟公司而言，设计思维亦可帮助企业更上一层楼。

如果你已投身到瞬息万变的商业世界，如果你想让你的企业在残酷的商业竞争中保有一席之地甚至脱颖而出，那么不妨抽出时间来读一读本书，也许，本书会让你重新审视企业在新商业环境下面临的机遇与挑战，将设计思维糅入企业的战略构图中，有意识地建设设计思维的组织文化，使你在一筹莫展中豁然开朗。对于商科专业的学生而言，本书将为你开启一扇关于设计思维的大门，使得你在未来的管理之路上将设计思维顺利融入企业管理之中，对未来的职业生涯会大有助益。

姜卉

2017年5月

致　谢

如果没有许多人慷慨的帮助和支持，这本书是不可能面世的。其中有四位要特别感谢：Moran Gerard 博士，他是我一直珍惜的同事、朋友和编辑，是他在我需要提交最终手稿之前的一周为我提供了帮助；Sarah Chung，他和我一起完成了这本书的设计，并赋予本书个性，使它鲜活起来；Erik Roth，他在百忙之中抽出时间来为本书写推荐序；Brian Kenet，他邀请我在哈佛大学设计研究生院设计并教授了设计思维执行的课程，这本书就是基于此完成的。

我要向我所有的朋友和世界各地的客户表示感谢，他们让我有机会向各组织介绍这些想法。我还要感谢 Scott Danielson，感谢他的友谊，是他给予我启发性的对话，给予我创造性的精神。我还要感谢 Idea Couture 的每个人，包括 Cheesan Chew、Scott Friedmann 和 Patrick Glinski，他们在创建一个伟大的设计思维组织的道路上一直与我同行。感谢 Jessica Tien 帮我处理一些事，让我不用再去为这些事分心。

我还要感谢匿名审稿人对早期手稿的反馈，特别是 Ashley Perez 和 Jamie Farshci，他们耐心地阅读并修改我凌乱的初稿。感谢所有帮助我提高这本书的清晰度和可读性的人。如果本书中出现任何错误、遗漏和误解，那么责任仍然在我。

每位作者都会得到家人的支持，我的家人一直是最棒的，他们一直是我灵感的源泉，我对此心存感激。我们都需要灵感，当我看着他们的时候，我会发现一些真实存在于我内心的东西，这些东西驱使我更努力地奋斗以达到更高一点的目标，挖掘得更深入一些，也让我努力追求更大一点的梦想！

我十分确信，我们正处在人类和经济史上重要的转折点。这本书促进了这样一个愿景：只有当我们将自然资本、创意资本和社会资本的概念综合起来，并且让所有这些资本都整合进资产负债表时，可持续成长才有可能实现。一个设计思维组织的愿景是建立在将效率、公平和互惠进行相互强化与整合的原则之上的。正是思维与战略的习惯才能防止如今占据主导地位的公司被彻底颠覆。

目　录

THERE'S

BUSINES

AS USUAL

NO MORE

第一篇 商业不再似从前一样

事物要么已经变化，
要么正在变化或
将持续变化。

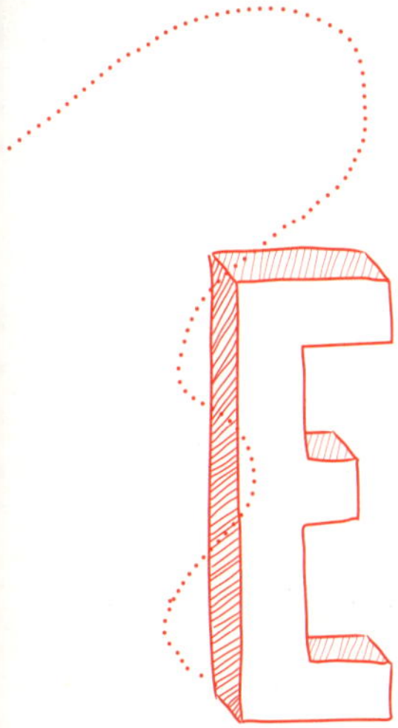

自从早期人类发明火、石器、语言以及其他伟大的创新产物之后，变化就如影随形。这就是我们为什么将之称为进化的原因。今天变化的速度比以往任何时候都快这一论断可能是真实的。文化理论家 Paul Virilio 把速度（我们追求科学和逻辑学的速度）称为速度学（dromology）。在希腊文里，dromos 的意思是“比速度”。在 Paul Virilio 看来，变化正在发生时的速度就像此时宇宙空间急剧缩减的速度一样。当我们的技术、运输、沟通以及世界上存在的其他方式变得越来越快、越来越有效时，曾将文化、经济和政治组织在一起的旧有的传统就被颠覆了。

这种速度的结果之一就是破坏。近年，很少有旧有的传统比大型商业公司被破坏得更严重。为了应对持续的文化动荡以及这种动荡对企业声誉、成长以及结果的影响，一些大公司已经将设计思维作为帮助他们理解破坏、维持竞争力的一种手段。

在众多的破坏源中，有一个是显而易见的。当技术创新加速时，人、社区、组织以及目标会比以往相互联系得更紧密。感谢万能的互联网，我们的世界被大大缩小，我们现在非常紧密。这也使得我们谈论得更多，分享得更多，抱怨得更多，庆祝得更多，设想得更多，期望得也更多。

这种破坏对那些曾经依靠旧有模式的规则运营的商业是不友好的。我们不再观看他们的电视广告。我们不再相信他们的市场宣传。我们不再想吃他们生产的垃圾食品。我们不再希望这其中最好的公司也不过是利润机器。我们想得到更多，何时想要，如何得到，以什么价格得到。

“与以往那些由财务利润作为驱动力的商业相比，这是一个充满活力，非常确切的突变。如今，人们不惧怕说公司像从前一样吝啬！而且也不怕给大家展示这句话的含义。”

——Richard Branson

对于受到最近的技术破坏和社会沟通影响最大的企业而言，挑战也是管理层面临的问题之一。最初，管理层的设计宗旨是满足不同的业务需求：确保重复性任务完成、提高经济效益，最大限度地提高劳动力和机器生产率。如今，需求发生了巨大变化。为什么？ 因为我们正面临一个危机。其实，我们正面临许多危机。存在竞争、经济、破坏性技术、创造就业、社会发展和持续性的危机。有些危机更紧迫些。自然资源危机肯定比经济危机更加紧迫，而且这种危机越来越严重，因为人口和消费水平在快速增长，且远快于人类和技术创新对从自然界中进行提取和生产的新方法的寻找。

但也存在着信任和信誉的危机。许多领导者在紧急情况下使用的解决方案不再能消减危机。他们被所面临问题的复杂性和规模压得喘不过气，导致很难去评估组织中真正的风险暴露。因此，经过验证的管理工具和技术的有效性及使用效果受到质疑。大多数管理工具和技术是为一个非常不同的世界所设计的，并且是基于已经超出最佳使用日期的组织设计的基础之上来操作的，就如同那些毫无意义的幻想能让员工紧密结盟的使命陈述一样。如果你想知道灵感源头，想知道我们应该怎么做，那么现在是时候把这些东西挂在墙上，并将它们称为古董了。或者仅仅和 Dilbert 漫画家 Scott Adams 一起大笑，他把使命陈述定义为“一个长长的、别扭的、用来表明管理层无能进行正确思考的句子。

我们需要一种新的方式，一种机智的、以人为中心的、社会的、灵活的，并将创新作为企业行动核心的方式。这种方式可以是设计思维。在商学院或者设计学院，老师们都不会教你这种方式，主要是因为这些组织也遭受着正困扰着许多大企业的与复杂性对抗的问题。**这就是这本书要涉及的内容。**

Choose the doll
that's just right for you!
Does she have
brown hair?
Every new My American Girl doll comes with a charm-keeper necklace and access codes for the online world!
My American Girl™ Doll
$110
American Girl

我们希望在想得到
某样东西的时候，
就能得到它，
并且是以我们想要
的价格。

Quid

蝴蝶效应和长期规划

我们承认世界正在飞速变化，未来不会像过去一样。未来我们做生意的方式将不同于今天我们做生意的方式。预测企业的绩效将如同预测接下来 12 个月内的天气一样充满困难。

当然，我们知道我们不能真正预测天气。气象学家研究大气模式，收集数据并将他们所看到的应用于预测他们认为会发生的事物上，从而预测天气模式的变化。但是他们对中长期的天气预测精确性很差，这主要是因为他们凭借当前的信息去想象未来。20 世纪 60 年代，MIT 教授、数学家、气象学家 Edward Lorenz 通过检测温度、压力和速度的变化，构建了空气围绕着大气层移动方式的模型。将天气预报问题归结为 12 个微分方程后，通过分析大量的输出数据以及绘制简单图表，Lorenz 发现一个变量的微小变化就能对整个系统的输出产生复杂的影响。通过构建模型，Edward Lorenz 不仅发现了确定性混乱的基本机理——灵敏地依赖于初始条件或“蝴蝶效应”——而且发现，长期的天气预测是不可能的。

同样，我们在商业战略和规划中所做的许多事试图立足当前或过去来预测未来。我们花费了数百万美元发展企业资源计划（ERP）系统，但我们最多只能以合理的精确度预测未来的三到六个月。为什么？因为大多数商业领袖都反感无序，太过直线思维，且疏离于全球那些与商业世界无直接关联的全球波动。

我们所有人比我们所知道的联系得更多。面对无论是商业还是其他任何系统水平的组织所面临的挑战，设计思维都有助于我们领会并理解在人、地点、目标、事件以及创意之间的复杂联系。这是创新最有力的驱动。它引导着长期战略规划。它塑造了必须以未来的机会而不是过去的事件作为基础的商业决策。它激发了想象的火花。它揭示了真正的价值。

应用设计思维是战略创新

创新管理不仅仅是设计新产品、提供新服务、进行品牌延伸、探索技术发明或者猎奇。创新管理还关乎以新的方式想象、组织、动员和竞争。为了做到这一点，组织应该留意到美国反主流文化诗人图利·库普费伯的智语：“打破旧模式，诞生新世界。”

如果你认为战略规划能够为战略创新赋予能量，那么你便仍然生活在旧世界。设计思维为战略创新赋予了能量。设计思维可用于开始一个想法，或用于挖掘存在于产品、服务、技术和资产中的隐藏价值——从而使企业无须彻底改造就可重获生机。若是某个中规中矩的流程能够创造显著经济价值、实现有意义的差异化、改善客户体验、带来设计思维，那么这个流程本质上一定不是循规蹈矩的。但它还拥有创新所需的核心能力。

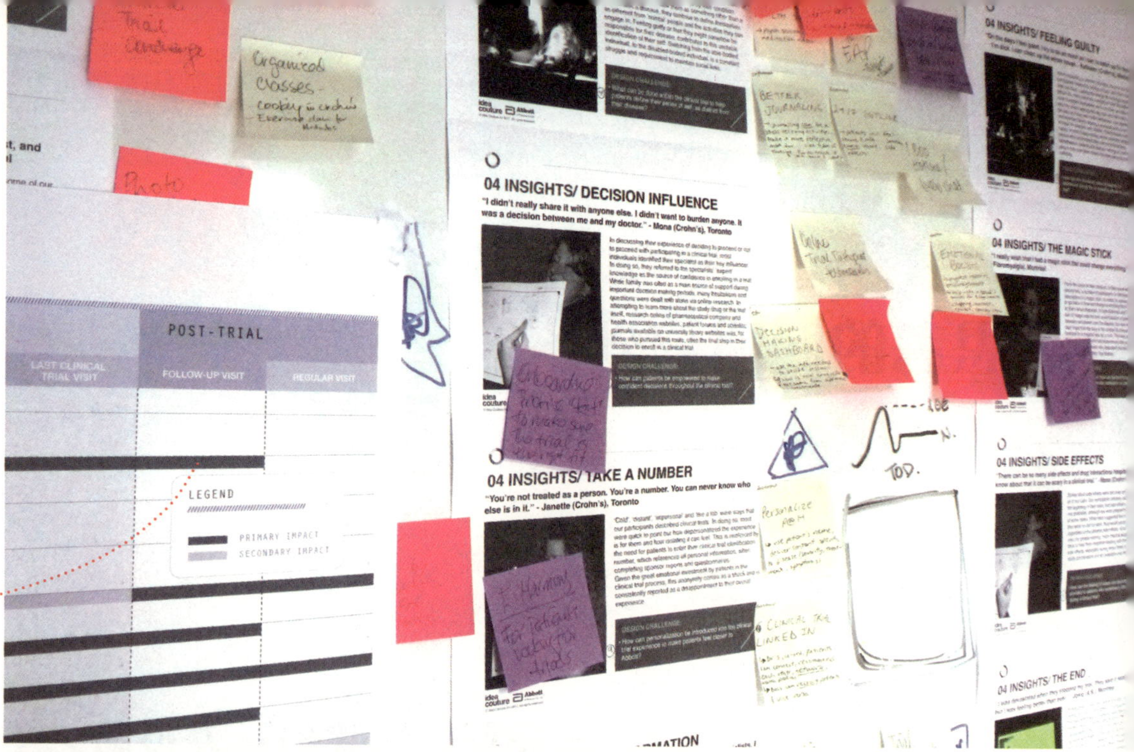

POST-TRIAL
LAST CLINICAL TRIAL VISIT
FOLLOW-UP VISIT
REGULAR VISIT
LEGEND
PRIMARY IMPACT
SECONDARY IMPACT
04 INSIGHTS/ DECISION INFLUENCE
"I didn't really share it with anyone else. I didn't want to burden anyone. It was a decision between me and my doctor." - Mona (Crohn's), Toronto
04 INSIGHTS/ TAKE A NUMBER
"You're not treated as a person. You're a number. You can never know who else is in it." - Janette (Crohn's), Toronto
04 INSIGHTS/ FEELING GUILTY
04 INSIGHTS/ THE MAGIC STICK
04 INSIGHTS/ SIDE EFFECTS
04 INSIGHTS/ THE END

PHRENOLOGY
PHRENOLOGY BY L.N. FOWLER
PHRENOLOGY BY L.N. FOWLER
PHRENOLOGY

超越危机模式进行思考的时机已到

有时，当我们身处危机之中时，我们会做出最坏的决策。通过被动反应式而不是主动出击式的行为，或者说是通过防御性而不是进攻性的行为，我们依赖于我们在过去如何管理事物——通常隔离开一个或更多的分散因素作为危机的原因，进而去对付它们。无论是以一种策略性的方式还是以一种战略性的方式加以应用，设计思维通过从系统角度来考虑挑战，能够帮助我们摆脱危机模式。

管理的实际设计并不是用来要求经理们富有创造力，而是阻止经理们做错事或者承担额外的风险。

今天，许多商业已经被系统层次的经济失败和传统组织设计和管理过程的瓦解所拖垮。这些失败使得一些商业领袖将希望寄托于设计思维作为下一个管理“良药”。尽管许多作者将设计思维描述为一种处理复杂的、不确定的、不稳定环境的方式，设计思维经常被吹捧为会带来一种能够使管理和战略思维重新恢复生机的方法。确定是这样，但它绝对不是能够解决所有问题的灵丹妙药。正如现代主义运动的先锋们识别出了新设计概念的需求以满足 20 世纪的技术进步，我们需要识别出新管理概念的需求以满足 21 世纪这个混乱的时代。

对于设计思维来说，这 10 年是令人兴奋的 10 年。在接下来的几年里，它会像其他一些短期管理风潮一样昙花一现，还是会永远地改变商业模式？只有时间能够证明这一切。传统的设计公司、品牌机构和设计工作室都迫不及待地声称它们能够改变客户的世界。然而，如果它们缺乏对商业战略、组合管理、市场动力、产业动态、渠道经济和资本意图的理解，它们的客户可能会对这样的一个承诺失望。改变不仅需要酷酷的设计和吸人眼球的标语。引入几个年轻的 MBA 到你的团队并不会把你的公司变成战略咨询公司。为设计思维描画一个单薄的形象对你也不会有更多益处。设计思维正在改变管理范式，它将会影响我们几十年。

激烈（无意义的）竞争的问题在于，即使你赢了，你仍然是个鼠辈。

——Lily Tomlin

管理的实际设计
并不是用来要求
经理们富有创造力，
而是阻止经理们
做错事或者
承担额外的风险。

改变管理范式

20 世纪 →	21 世纪
规模与范围	速度与流动性
可预测性	敏捷
严格的组织界限	流动的组织界限
命令与控制	创造性的授权
应对与风险	内部创业者
战略意图	利润与目的
竞争性优势	比较优势
数据与分析	综合大数据

02/ INSIGHTS
NEW LUXURY ELECTRONICS
EXPERIENCE THEMES
idea
couture

B747-8
Pandit quits Citi after

WHAT IS DESIGN REALLY?

THINKING,

第二篇 什么是设计思维，真的是这样吗

WORK AT CISCO
ABOUT OURSELVES
ENEGERGIZE
idea couture
CULTURE IS WHAT ACCOUNTS FOR HOW
PEOPLE
BETWEEN THEM
CREATE
BURBERRY
THANK YOU
WHERE, WHY AND HOW
THIS IS A COMPANY OF
TO DREAM BIG.
idea couture

A

向一群认同设计思维的人询问设计思维确切地讲到底是什么，你将会得到一堆答案，每一个新的回答都会与你听到的上一个答案不同：关于设计思维没有唯一的、统一的、普遍的定义。假定设计思维的偏好是处理模糊性，也许就不应该有统一的标准定义。

对大多数的从业者来说，设计思维作为一种思维方式最早可追溯到 Herbert Simon 以及他在 1969 年出版的书《The Sciences of the Artificial》中。这位美国杰出的政治科学家、经济学家、社会性学家、心理学家，卡内基・梅隆大学的教授认为批判性思维是对思想进行解构的分析过程，设计性思维是构建思想的过程，他对两者的区分成为实践的基石。所以，他将设计定义为“现有条件向优先条件的转化”。

一个设计思维组织能够有效地促进知识从未知过渡到启发式再到算法，沿着这条路获得超越竞争者的成本优势。

从 1973 年 Robert Mckim 的专著《Experiences in Visual Thinking》到 1987 年 Peter Rowe 对设计思维这一术语的第一次应用，再到 Richard Buchanan 的具有高度影响力的文章《Wicked Problems in Design Thinking》，Simon 的伟大想法（设计总是与一个被改进的未来相关）已经持续形成了每个方向的实践。

由于关于设计思维的发现在《彭博商业周刊》（Bloomberg BusinessWeek）和《哈佛商业评论》（Harvard Business Review）上的发表，设计思维引起了更多商业人士的关注。尽管 Simon 及其跟随者采用了更为深思熟虑、更为学术的方法为实践奠定知识基础，但商业新闻中对设计思维的理解还是过于简单化了。快速将想法标准化为切实的人工制品或非功能性的模型会带来问题，商业新闻关注于应用以人为中心的方法去识别并解决这些问题，进而倾向于对设计思维做出最复杂的事——将设计思维变成每个人都可以使用，易于获取的工具箱。

在色彩丰富的即时贴、思维导图以及其他将复杂系统和体验过度简单化的视觉展示的帮助下，以逐步将人吸引过来作为典型特征的商业新闻将设计思维浪漫化为一种解决问题和驱动利润的方式。这是最过于简单化的定义？设计思维是一种能够让商业人士像设计者一样思考，而设计者像商业人士一样思考的方式。但是设计思维不仅仅是这些。

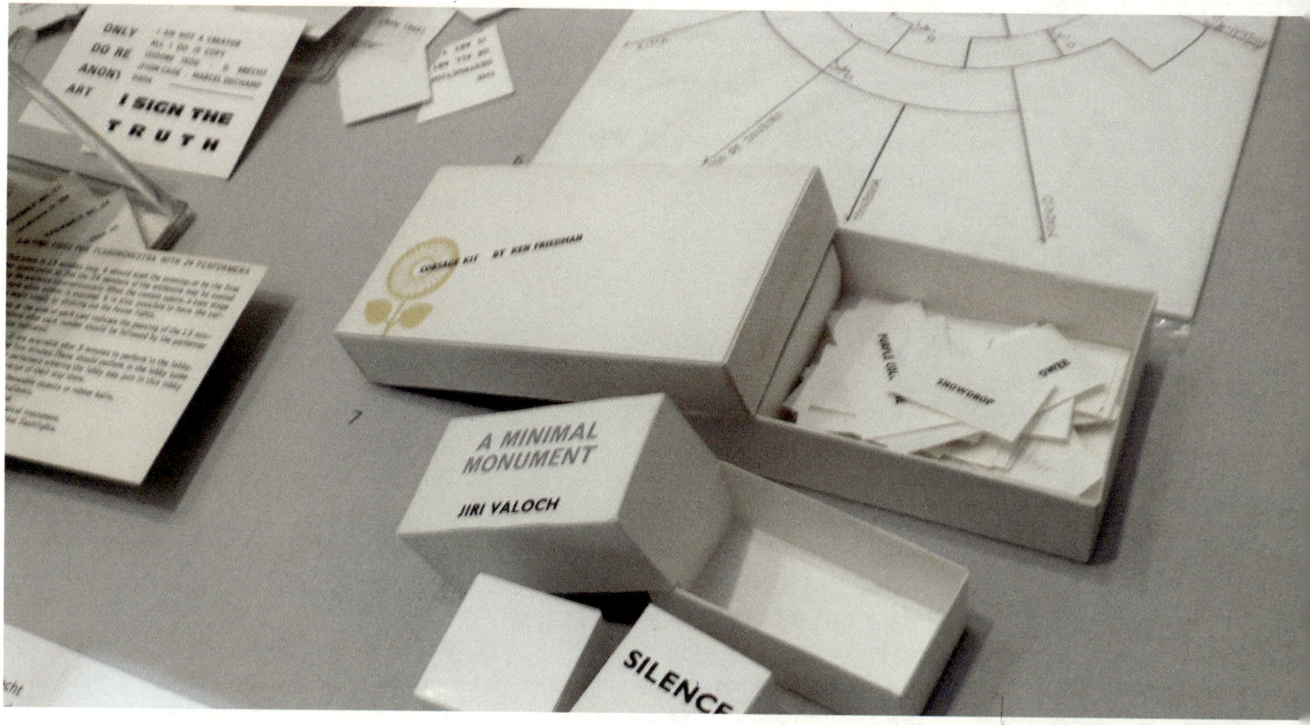

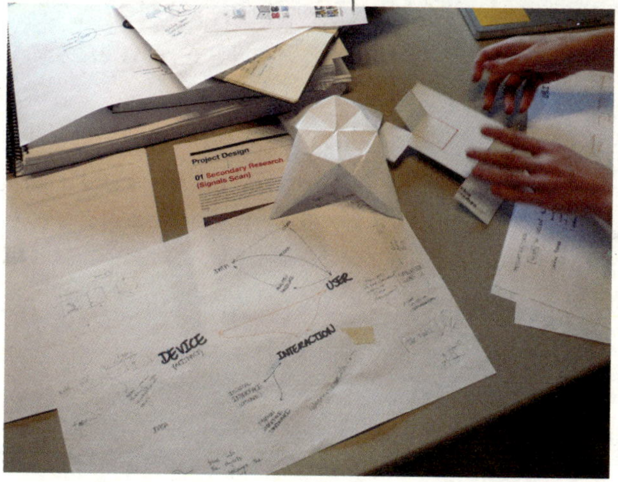

由于成本优势，企业能够依靠其设计思维能力解决接下来的重要谜题，并且仍然能够领先竞争对手。

—Roger Martin

那么，什么是设计思维？

- 一种利用移情作用迎接设计挑战的方式？
- 一种集体解决问题的方法？
- 一种平衡需求和可行性的架构？
- 一种解决复杂或严重问题的手段？
- 一种用于好奇心和疑问的思想方式？
- 一个固定的过程或者是一个工具盒？
- 一种在系统层次处理问题并解决问题的方法？
- 一种培养探索和试验的文化？
- 一个暗示着设计者能做的不仅仅是设计的设计流行词汇？
- 一个以下一个战略工具为卖点的管理流行词汇？

答案是："都对，但不止于此。"我对设计思维的定义是：**设计思维是探寻在管理与技术、结构与混乱、直觉与逻辑、概念与执行、玩笑与拘谨以及控制与授权之间的一种奇妙的平衡。**

在我的实践中，设计思维是一种用以人为中心的方法进行战略创新的框架，也是一种用于在一个快速变化的网络和颠覆性技术中进行价值创造的新的管理范式。尽管框架被有价值的流程或工具所填充，但正是框架本身才是微妙平衡所隐身的场所。设计思维是关于认知灵活性的，这是一种将流程适用于挑战的能力。对于那些成功地应用设计思维去应对挑战的组织而言，这一框架本质上是文化的。如果你试图描述设计思维组织的文化，一些可能用于描述的词包括：

以人为中心	创造的和创新的
速度和灵活	连接的和扁平的
适应的和灵活的	有趣的和幽默的
鼓舞人心的	坚定的
破坏的	高能量
热情的	承担风险的
有目的性的	

有多少大组织有这样的文化？答案是寥寥无几。这就是为什么没有具有这种文化的组织的帮助，尤其是那些规模更小但是具有这种文化的组织的帮助，这也是创新如此具有挑战性的原因。受人尊敬的设计评论家和教育家Don Norman认为创新的关键问题之一是统筹好理想性、可行性以及经济性的能力。尽管他参考了设计方面的东西，但在设计系统、服务甚至是文化时，问题还是同样地出现了。

设计思维不是一种体验，而是授权并鼓励我们去体验。

设计思维是探寻
在管理与技术、
结构与混乱、
直觉与逻辑、
概念与执行、
玩笑与拘谨以及
控制与授权之间的一种
奇妙的平衡。

设计思维是科学还是艺术

通常我们不会把设计与科学联系起来，但是许多设计理论已经受到科学学科尤其是自然科学的驱动。在这些案例中，人们期望设计成为一种和科学一样，能够采用同样严格的测试和检验标准的客观的、理性的过程。这些理论专注于问题设计和问题解决。

据说，在商业世界，问题（起点）和目标（终点）就像一场象棋游戏：棋子的初始位置被明确确定，目标当然是将军，赢得游戏。但是在设计中，不是那样。正如 Donald Schon 在《The Reflective Practitioner》中写道，“在真实世界中，问题并不像既定的那样向实践者展示自己。它们必须在那些让人困惑的、感到麻烦的，以及不确定的、有问题的情势下被构建。

这就是为什么设计理论家和教育家 Horst Rittel 将设计问题称为“恶劣的”并认为我们需要一个完全不同的方法，他将这个方法称为第二代理论和方法。他指出，如果第一代的目的是使设计成为一个纯理性的过程，第二代则认为合理性概念意味着严重的悖论，在系统化设计与直觉设计这一方法和理性设计与非理性设计这一方法之间进行严格区分是不可行的。

一些设计思维起源于设计学科，但是被采纳应用于一个更广阔、更复杂的商业环境。由于设计思维致力于从终端用户的视角来解决问题，并通过深度理解特定情境和条件限制下未被满足的需求来倡导创造性的解决方案，所以被教育工作者和社会创业者广泛用于社会创新。一些设计人员通过与其他领域如工程，经济和社会科学的专家共事正在获得这项技能。然而，必须寻找到将设计思维引入到商学院的方式，以使得我们的下一代经理们因为拥有这项技能而能够处理日益复杂的挑战。

用来与设计者联系的语言现在已经进入其他领域：医院管理人员被告知他们必须更多地以患者为中心，政策制定者被告知公共服务必须以用户为中心，商业人员通过为顾客提供新的达成目的的手段来吸引顾客。设计思维不再是工作室里所教授和实践的事物。对于高管和经理而言，设计思维正成为我们的日常语言。

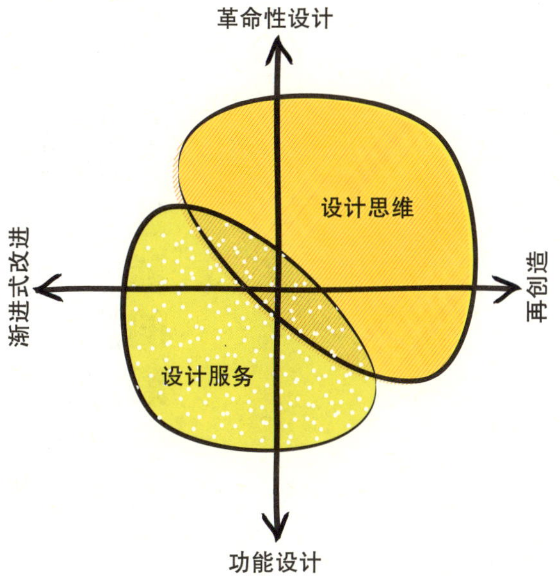

设计思维被过度简化了

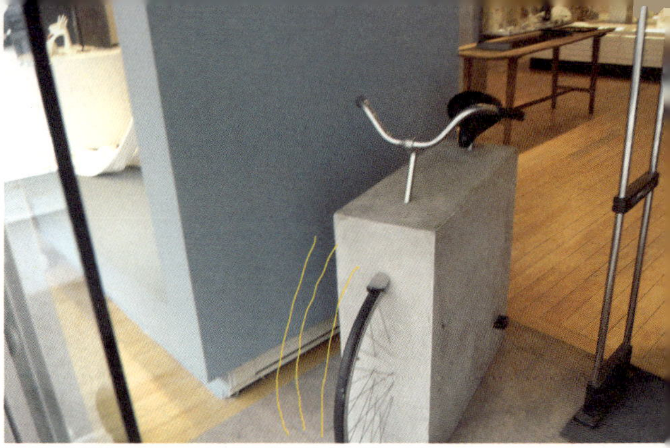

设计思维与商业的联系或在商业中的应用经常可能被过度简化。它不仅仅是贴满墙的即时贴，或者是用头脑风暴产生创造性的想法。它也不仅仅是一个能够产生那些想法的五步、六步或者七步的流程。这样的过度简化驱使我们进入预先设定好的角色，由这些角色衍生出的规则、传统、行为以及正式的期望将最终限制我们的思想和行为。

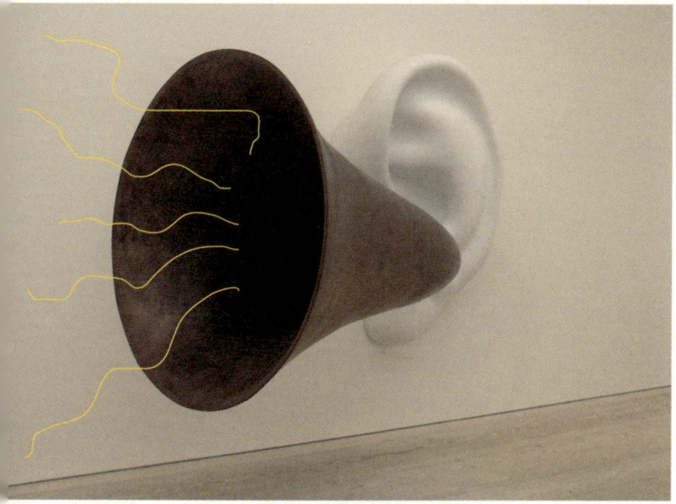

“复杂性是世界的奇观。简单性则是宇宙的感觉。复杂性的背后，总有简单性显露出来。而在简单性之中，总会发现复杂性。”

——Gang Yu（于刚）

意识到设计思维不是设计人员所独有的，或者对其他学科的人不是不可获及的，这一点非常重要。设计思维是自然的，是我们所有人与生俱来所拥有的。设计思维是一种用于询问和表达的方法，可以补充并提高现有的技巧、行为和技术。但不去将设计思维定义为数据驱动的分析式思考的对立面也是同样关键的。设计思维是它自己的分析模式，聚焦于形式、关系、行为，以及真实的人与人之间的相互作用和情感。

这些可能包括：

01/ 一种产品、服务、系统或商业在生态系统中是如何生存的?

02/ 人们是如何与以上的各种事物相互作用的，以及这种相互作用的本质、频率及特征是什么样的?

03/ 一个生态系统中的不同元素是如何彼此相关联的? 是否存在任何系统水平上的影响?

04/ 其他的生态系统是如何与你的生态系统相临近的?

05/ 如何通过广泛观察这些生态系统中的交际事件获得新的洞见，它们是如何通过一个系统的视角来适应彼此的?

06/ 当从一种系统水平的视角去观察新的关系行为时，什么是新关系行为的关键特征和模式?

07/ 什么是人们的信息行为模式，为了弄清楚它们，该如何描画它们?

“复杂性是世界的奇观。
简单性则是宇宙的感觉。复杂性的背后，总有简单性显露出来。而在简单性之中，总会发现复杂性。”

——Gang Yu（于刚）

OSBY CO.
OLIS MINN.

THAT THE
COFFEE BEAN
ISN'T A BEAN
AT ALL
IT'S A
BERRY SEED
WE'VE
BEEN
TOLD
LIES
ALL
THESE
YEARS.
THE BERRY
EXPOSED
LIKE A CHEAP
POLITICIAN
SO THERE'S
JUST
THE
SEED.
WHICH EVERYONE CONFUSINGLY
CALLS A BEAN
THE
GREEN BEANS
ARE
FERMENTED
THEN
WASHED
TO GET RID OF
MUCILAGE
SLIMY STUFF THAT NO ONE
LIKES (NOT EVEN ITS MOTHER)
THEN THE BEANS ARE DRIED

STING
ELIZES THE GREEN BEANS
UNTIL THEY
LOSE THEIR
ETE
ENTIRELY-
THEY TURN FROM
EN TO BROWN
AT 200 DEGREES C
A DELICIOUS LITTLE
OIL CALLED
CAFFEOL DEVELOPS.
IT'S CAFFEOL THAT GIVES COFFEE MUCH OF IT'S
FLAVOR & AROMA
THANKS CAFFEOL, MUCH APPRECIATED.
BEANS ARE THEN
COLOUR GRADED
TO DETERMINE THEIR LEVEL OF
ROAST AND
FLAVOR
DARK ROASTS ARE BOLD.
LIGHTER ROASTS – COMPLEX.
THE
MACHINE FORCES
HOT PRESSURIZED WATER
THROUGH THE GROUND
COFFEE AT 9 ATM
THE PRESSURE OF NINE ATMOSPHERES
NOW
IT'S
COFFEE TIME

APPLIED DES

Applied Design

THINKING

Thinking in

BUSINESS A

Business and Strategy

IGN

N

ID STRATEGY

第三篇 设计思维应用于商业和战略

GROUND INTERPHONE CONNECTION
28 VOLTS DC
BATTERY COMPARTMENT

将设计思维应用于商业问题，会使居于商业之中的组织和个人能够更好地理解他们的竞争和运营环境。从行为模式到价值观再到系统水平的挑战，再到走向市场战略，对如何满足人们需求的过程的理解经常使组织向内看，并揭示出一些致命的组织差异，以及他们为什么持续坚持。

在1893年，世界上第一个管理顾问致力于改进工业流程。Frederick Taylor是科学管理之父，他着手进行工业流程的科学研究。自从1911年Taylor出版专著“The Principles of Scientific Management”，工业工程已经试图通过Taylor的管理模式改进效率。大约100年间，由于科学管理致力于发现最好的工作方式，所以它对我们的世界主要持一种机械的观点。伴随着强大的商业模式如福特装配线的涌入，科学管理提高了生产力，控制了质量，最小化了成本，成为管理方法运作的主流。

100多年后，科学家在科学管理方面并没有太大进步。在20世纪80年代中期，他们将关注点转移到了混乱，并通过快速创造数学图形来使用计算机模型寻找秩序。尽管他们发现了一些吸引人的数据可视化方法，但他们不能解释或理解这些图示。就像预测天气，他们所能做的一切，不过是做出有根据的预测——从来不能保证晴天。

10年后，科学家将注意力转向研究复杂性。他们用先进的计算机模型揭示生命形式的结构，并将其应用于商业。从蜂巢到基因DNA到交通拥堵再到技术和经济环境的复杂性质，他们对任何事物进行类比。尽管他们确实为战略管理创造了一些引人注目的隐喻，但这些研究达不到万无一失地揭示任何事物。

“21 世纪的文盲将不再是那些不会读写的人，而是那些不能学习、不能丢掉陋习、不能再学习的人。”

——Alvin Toffier

今天，世界 500 强和其他的公司仍然像机器一样管理着自我，将利润置于一切之上，沿袭命令与控制的管理方式来维持权威，依赖六西格玛改进质量。同样，他们过于依赖规模化生产的效用指标、产量以及效率，这些实践有助于创建一种官僚主义结构，拉长了从顾客到高管间的距离，鼓励高管们僵化、系统化地管理。

在系统思维的语言中，现代管理及其对确保可持续性和可预测性的要求中存在的问题在于它试图消除变化。过多的变化绝对是预测的大敌。实际上，战略规划、质量控制以及六西格玛的功能是消除不需要的意外。但正如我们所知道的，生命中还有一种与在商业中一样的趋势，即事情会变得不可控，向各个方向四散。创新者明白并接受这个，因为真正的创新是将那些意外的幸运机会最大化。如此，创新以一种稍微有目的的方式允许一定程度的变化。

PRICKLY CITY
NON SEQUITUR
BIG NATE
BEETLE BAILEY
ON THE FASTRACK
PEARLS BEFORE SWINE
DENNIS THE MENACE
SPEED BUMP
FAMILY CIRCUS
PREVIOUS SUDOKU SOLUTION
PREVIOUS SCRABBLEGRAMS SOLUTION
"I hope none of the other children come down with the bug Billy ha
For Prince George's County students,

“不是无能者破坏了组织。无能者不会占据能够摧毁组织的高位。是那些取得了一些成就，并停留在他们成就之上的人永远地阻碍了组织的发展。”

——F. M. Young

首席执行官身处高位的平均时间正在迅速减少，从 20 世纪 90 年代的平均 10 年到今天的 2 到 3 年。市场领导者失去领导地位的速度（我们将其称之为 topple rate），在过去的 20 年间已经翻倍。一个组织，不论其规模大小，其平均生命周期仅仅为 12.5 年。所有的并购，实际上只有不到 20% 创造了价值，50% 以上的并购事实上都是在摧毁价值。基于这些事实，我们需要提出两个重要的问题：管理是像我们所知道的那样起作用吗？是时候重新思考这个问题了吧？

还记得 Herbert Simon 吧，他著有《 The Sciences of the Artificial 》，将我们引入到设计思维的原型理论中。他还有战略规划方面的著作，指出古典决策理论（以及该理论对战略规划的影响）在评价已经存在的战略方面是有用的，但是用于设计必须要解决的战略问题时就没那么有用了。当任务正在生成可变的战略选择时，古典决策理论就更没用了。

据情景规划专家 Paul Schoemaker 所言，极度强调通过推断过去以应对新的情势是情景规划的关键缺陷。新的挑战没有历史踪迹可寻。以今天的变化速度，从过去的经验进行推断会导致公司走上一条充满危险的道路。

大多数规划失败的另一个原因是他们的“规划没有思想做支撑”或“思想没有规划来落地”。当然，大多数的战略规划都有引人注目的长达 150 页的 PPT，但大多数的规划是如此平淡无奇。生活在这个世界中的你们将会理解执行这样一个规划意味着你必须寻找顾问以填平这个

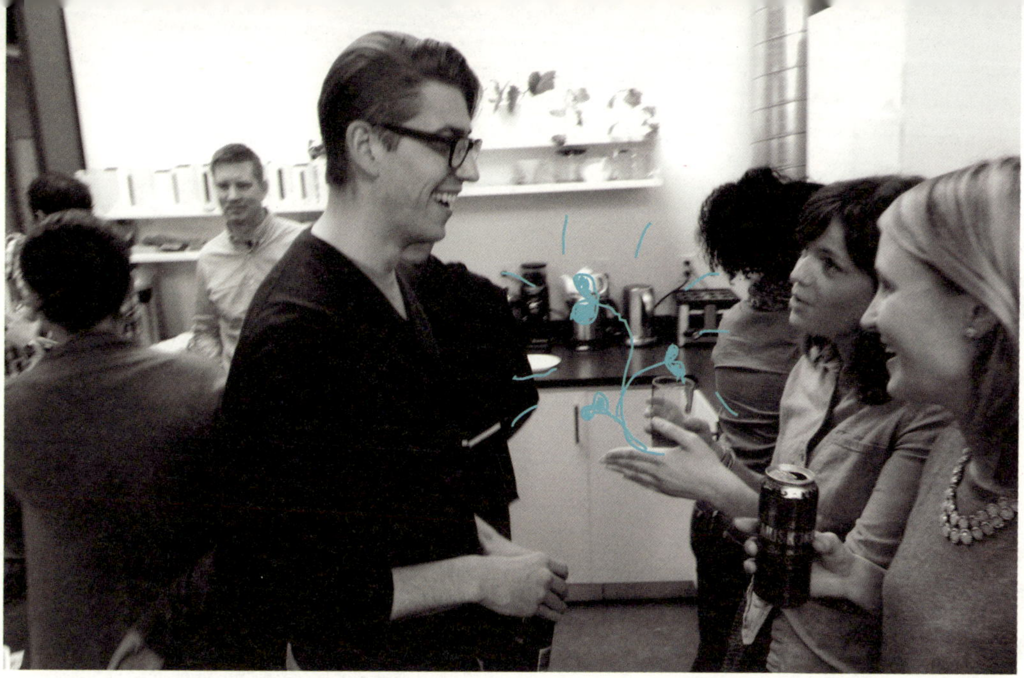

鸿沟。许多公司将之称为战略举措（strategic initiative）的东西并不真的是战略的，也不是真的以举措为中心。称其为战略举措并不意味着它真的是战略举措。

战略规划以信息的可获得为基础。在过去，没有足够的数据支持有意义的分析。今天，由于大数据的存在，情况正好相反。什么是大数据？可以根据三个关键变量描述大数据——信息的容量（各种来源的信息量），信息的多样化（各种格式信息的本质），以及信息的速度（收集信息的速度）。大数据可能有助于一些公司做出更明智的战略决策，但它们同样会引导这些公司走向一条量化的道路，这使得它们很难为最需要的人开展设计。

实际上，这有点让人提心吊胆。在人类的历史上，我们还从没有能够以这样的速度产出同等水平的信息，而且这种速度不会减缓。我们的日常活动正越来越多地受到监控，我们的商业活动数字化，我们正步入一个正在遭受数据瘫痪（data paralysis）的拐点。信噪已经从 50% 跃至 90%，也许 10% 的数据是有用的。大数据不会减少战略规划中对直觉和意义构建（sense making）的需求，它们会更多地需求直觉和意义构建。但到了决策关口，需要采取强有力的领导去维系一种平衡的文化。

设计思维来解救这一切

公司发现即便它们已经意识到转变的需要，它们仍不能应对变化，因此，它们已经身处危机之中。这是一个极度竞争的年代，每一个竞争优势都已经被降至比较优势。

最佳实践产生极少的利润，尤其对那些在今天创造性的经济中寻找创新的实践。我们被大量的数据和企业软件轮番轰炸，这迫使经理们以一种受局限的框框去思考问题，因此，解决问题变得越来越难。在技术、流程、产品组合和商业单元的纠纷中，经理们只能在更受限的框框去解决问题。

不间断地追求成长是这种无序的始作俑者。这种无序由过去的流程，产品组合以及数据、数据还是数据所组成。一旦我们意识到更多并不意味着更好，潜藏在下面的简单的解决方案将会自己跳出来，以一种新的、更具有创造性的方式来指出一条处理复杂问题的路。这一挑战以及它与数字游戏的联系也许在 Roger Martin 的著作《 The Design of Business 》中得到了最好的总结：“数据不是亲密关系（intimacy）的替代品。”

从顾客到雇员再到供应链中的人们，设计思维促使团队着手构建更为亲密的关系。它帮助我们消除复杂性和混乱，使得我们更关注最本质的人的需求和人的问题。

Exhib
藝 術
30/7 -1
Times S
代 廣

我们已经
失去了对周围
事物的触觉

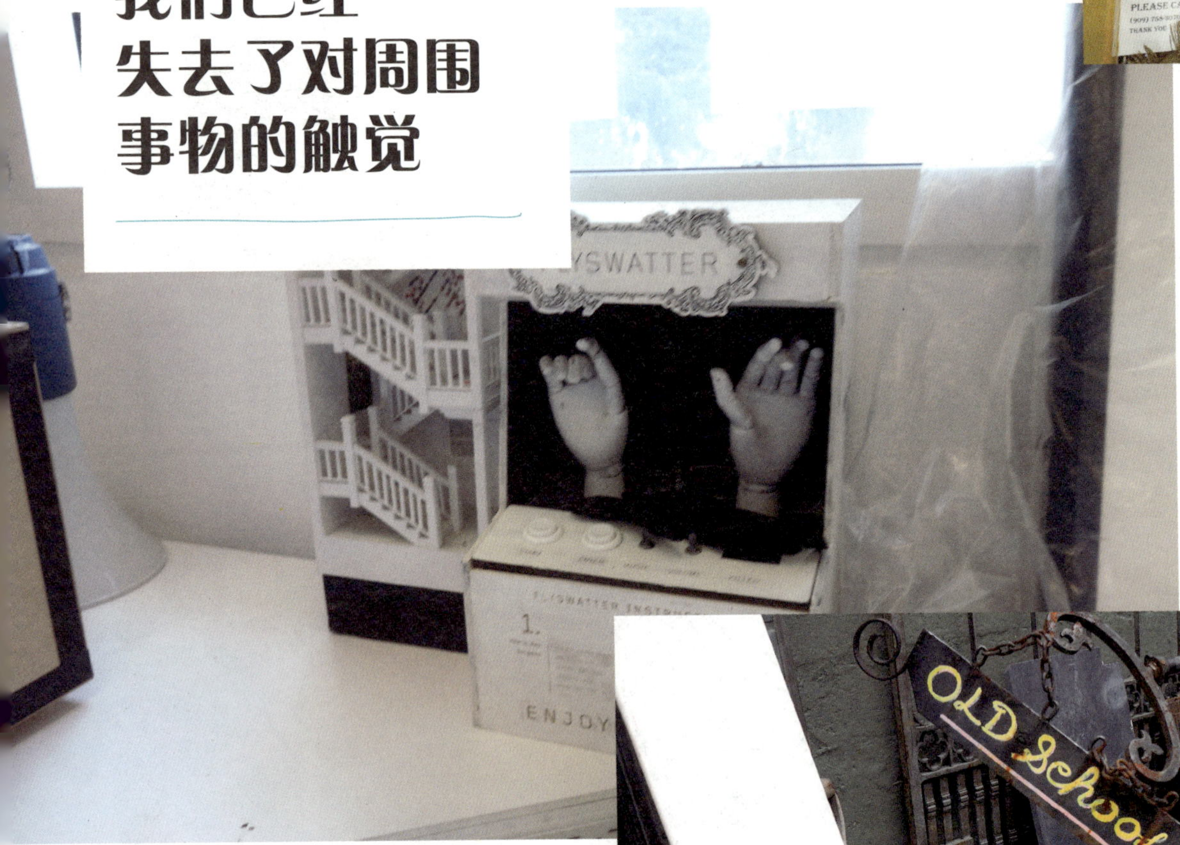

大多数商学院为经理们提供的培训是过时的。多数培训扎根于虚假的理论或太过基础的理论以至于只需 PPT 和教科书就可以完成培训。

在过去的 30 年里，经理们和顾问们已经被工作策略完全迷住，而这些工作策略无关经济价值的创造——持续的组织重构，伴有最佳的实践和设计低劣的成长战略。这一无止境的，令人厌倦的资产混乱和组织边界的转移已经为投资银行和咨询顾问创造了机会，但却没有为股东创造价值。

80% 以上的管理工具，体系以及技术都是用于努力获取价值，而不是创造价值；这包括技术如全面质量管理（TQM）、企业资源计划（ERP）、六西格玛、精益创业和敏捷系统。这些工具对于维护组织顺利运行非常有价值。但我们应该更关注价值创造而不仅仅是价值获取。这就是设计思维起作用的地方。一些公司如苹果、亚马逊、网飞（netflix）、三星、巴宝莉和宝马正通过设计以及设计之后的思维在竞争中获胜。

一些居于领导地位的设计组织取得成功的一个原因是直觉。直觉具有卓越的能够使战略决策清晰化的能力，因为直觉显示出定量与定性之间微妙的平衡，组织所有的组成部分都需要这种平衡去激活。不幸的是，直觉无法被教授，尤其是在商学院的教育中。

有时我们需要摒弃算法和数据。我们需要把我们自己从理性 - 逻辑 - 线性模型中解放出来，这种模型可以使我们在一个快速变化且不确定的环境中处于僵冻状态。我们需要一点恰到好处以及既往不咎的勇气。我们需要依靠直觉。

这可能意味着简化你对技术系统的使用，同时打磨那些真正适合公司工作流的创新。它意味着在知识的基础上合并数据，以雇用具有相同志趣的雇员。这意味着废除命令控制式的层级制度，与公司以一种平等的状态相处以便收集到新的真知灼见。这意味着以某种品牌顾问从来没有用过的方式彻底改造你的品牌，因为品牌顾问从来没有像你一样拥有这个品牌。

将工业管理当作科学去理解的尝试经历若干次的挫败之后，你会心灰意冷。于是回到出发点并默认你的直觉，而正在这时，其中某个关键点会突然揭示出你一直苦苦探索的最真实的答案。管理专家 Gary Hamel 曾经说过，“管理是组织中最无效的活动。”只有使战略管理更清晰后，我们才能使战略管理更有效。有时，这种清晰化只来自内部。

每一个未来的商界领袖都有必要成为一个优秀的设计思维者

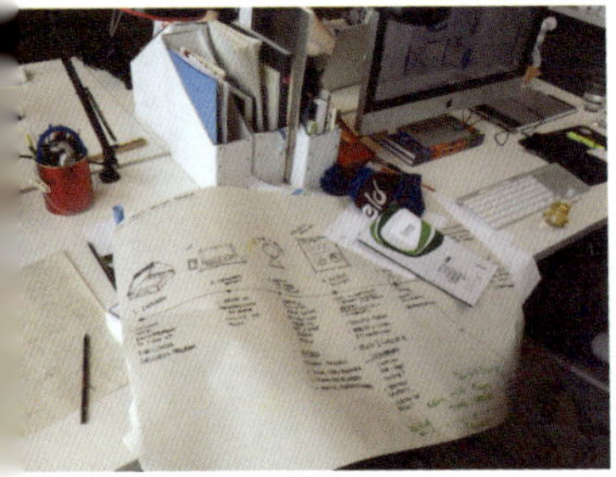

在解决商业问题时应用设计思维，可以将设计、工程、经济、人文学科以及社会科学中的心智模式、工具、流程以及技术整合在一起，以便识别、定义，应对战略规划、产品开发、创新、公司社会责任中的商业挑战。

这种整合如果被正确地执行，会在传统的商业管理方法和设计方法之间形成一种高度富有成效的动态，以一种共生的方式互利并提高了彼此。

在解决商业问题时采用多学科的方法，包括将设计思维应用于其中，有助于组织弥补关键差距与缺陷。只有通过结合性的模式和方法，组织才能够建立更完整、更富有竞争力的知识体系和洞见，以催生一种以人为中心、以未来为导向的方法。一种模式是对组织结构、汇报的层级以及所有日常流程的刚性管理。另一种是设计思维的软管理系统——真正将组织连接在一起的创造性、敏感性和社会联系。将这两种方式结合起来并不会导致在解决商业问题时，传统的或其他商业分析方法的价值被低估或减少。利用商业方法和设计思维中最好的那部分，可以建立一个更敏锐、更有力、更有效的分析工具箱，并且可以逐步将我们的思想提高到一个新的层次。这导致了一种全局学习的体验，这种体验对参与其中的每一个人是有意义的、有效的、实用的。

重新定义商业管理的10个设计思维原则

....

设计思维有助于团队成员间的互动，进而养成更大的包容性，培养创造力，深化移情作用，将参与者紧密结合在特定的目标和结果上。

由于人类可以一起工作、交流、体恤他人、期望、理解和交换，因而得以生存久远。设计思维是这些能力的反映。相比于商业管理，在其背后的实践、原则以及流程之后的文化潜在地更具有移情作用，更加以人为中心，更能鼓舞人心。

一种基于多功能多视角来解决问题的方法已经影响到设计思维的许多固有的原则。因此，将设计思维用于商业具有影响我们核心价值观、同一性、期望和世界观的能力。但由于设计思维伴有“塑造未来的责任”，让每一位新的从业者理解设计思维始于承认人类对意义和连接的需求，并按这些需求行事是非常关键的。

许多设计思维的方法被认为是一种非常明确的方法，因为这种方法包括使用一些可预见的、重复的过程。这一过程在某种程度上可以被编成算法。但设计思维还包含一些偶然发现的、特别的、具有适应性的方法来探究、综合、表达对直觉力量的利用。作为商业世界里一个比较新的概念，设计思维需要被精心吸纳，整合进传统的管理实践中。设计思维不应该被开发成为一个市场策略或以生成创造性思想为借口从而避免基于分析的批评或商业逻辑。设计思维应该被定位成一个富有创造性的逻辑工具，能够促进组织创新和转化。然而，对于那些对采用和应用设计思维感兴趣的组织而言，为了能够成功地做到这一点，识别出设计思维的关键原理是非常关键的。

01

设计思维是行动导向的

ACTION-ORIENTED

设计思维提出了一种在做中学习的交叉学科的方法用于解决问题。
它允许我们通过在个体之间传递并应用学习经验来容纳多样化的兴趣和能力。
设计思维的一个主要部分是设计行动（design doing）。它会让你亲自实践，
让你去体验，而不是成为坐在扶手椅上指手画脚的战略家。

02

设计思维是面对变化安之若素

COMFORTABLE WITH CHANGE

设计思维本质上是具有破坏性和刺激性的，因为它提出了新的看待问题的方式。复杂和模糊问题的战略框架需要一种方法，这种方法能够摆脱组织教条、条条框框的限制以及过时的假设。设计思维过程的一个主要部分是走出传统角色，脱离现有的教条，以便探索新的解决问题的方法。

03

设计思维是以人为中心的

设计思维总是聚焦于顾客和终端用户的需求，包括没有明确表达的、未满足的、未知的需求。为了做到这一点，设计思维开发了各种基于观察和倾听的研究技术以便系统地了解在满足顾客的过程中所涉及的需求、任务、步骤和里程碑。

04

设计思维对预见进行整合

INTEGRATES FORESIGHT

如果对未来没有一种预期的、规范的想象，战略规划将彻底失败。
预见开启了未来之门，诚邀我们去探索不确定性。设计思维鼓励我们面对未知安之若素，期望我们在发现并创造一个切实的成果的过程中处理不充分的信息。

05

设计思维是一种动态的构建过程

A DYNAMIC CONSTRUCTIVE PROCESS

设计思维是重复迭代的。设计思维需要不间断的定义、重新定义，陈述、评估、可视化设计思维是一种持续不断的学习体验，始自于一种获得预见并应用预见去转换目标的需求。这里，能够创造一种有形的、可分享的人工制品的原型设计成为设计思维工具盒中重要的一部分。

06

设计思维促进了共鸣

PROMOTES EMpathy

设计思维将用户置于所有事物的核心位置。设计思维鼓励使用工具帮助我们与人们进行交流以便更好地理解那些驱动人们并将改进他们生活的行为、期望、价值观、动机以及需求。

07

设计思维降低风险

REDUCES

RISKS

无论是开发一种新的产品还是一种服务，从那些微不足道的，能够反思清楚的失败中学习都会有很多收益。这种情形经常会发生，但是应用设计思维会通过考虑研发生态系统中所有的因素，包括技术、市场、竞争者、顾客以及供应链，来降低风险。

08

设计思维能够创造意义

CREATE MEANING

PPT 和 Excel 数据表在沟通预见或思想方面是受限的。创造意义是设计过程中最难的部分，在设计思维中所使用的地图、模型、框架和故事等沟通工具，能够帮助我们捕获并表达信息，这些信息用于形成意义并使意义社会化。为实现这些，需要花费时间和精力进行多次的重复和沟通。

09

设计思维将企业的创造力带向更高的水平

BRING *Enterprise Creativity* TO NEXT LEVEL

设计思维通过将可视化工具、物理目的物以及人之间进行相互作用，促进了一种能够拥抱提问、鼓励经常对行为进行反思、赞美创造力、拥抱模糊性、创造视觉上的意义建构的文化。

10

设计思维是一种新的“商业战略的竞争逻辑”

THE New “COMPETITIVE LOGIC OF BUSINESS STRATEGY”

设计思维是一种最具有补充性的实践，可以与 Michael Porter 的竞争战略理论一起应用。它使得公司能够创造新的产品、经验、流程以及商业模型，而不仅仅是让它们起作用。设计思维将它们转化成预期的产品，这些产品真的可以通过创新带来可持续的竞争优势。

ВОЗКА ЛЮДЕЙ
ПРЕЩЕНА !

INTRODUCI
THE DESIG
THINKING

NG

第四篇　将设计思维引入MBA教育中

MBA

TAPE GUN
UNIVERSAL TAPE DISPENSER
TAPE GUN
TAPE GUN
PANIC
PANIC
Archie McPhee

间断性正在引起混乱，现在这是常态。传统的层级不会存活太久。下一代领导者需要知道如何拥抱变化。他们还要动员抗拒变化或不知道如何成功地适应持续进化的商业环境的那些人。在本章我们将探索大多数组织所熟悉的商业战略挑战，示范设计思维方法如何应用于那些挑战。今天，复杂的商业问题要求新的领导在平衡变化管理和快速成长的过程中能有效地管理变化，重新发明商业模式，足够迅速地行动以迎接新竞争挑战，并在创新中超越竞争对手。

组织的适应性取决于其是否能有效处理其他关键战略挑战：开发适应性的战略，避免商品化，创造持续的差异，开发创造性的文化，服务顾客与雇员，响应技术颠覆，平衡短期和长期战略。对每一个这样的商业问题，我们都应用设计思维提出新的问题，形成创造性的思想。每一个小部分都包含一种设计思维解决方法。基本的、作为例证的设计思维示范了如何利用移情、创造性、预见和以顾客为中心来解决商业问题。他们意图开拓一条新的道路，甚至是处理最古老最恶劣的挑战。本篇将重点介绍能够应对特定商业挑战的设计思维解决方法的清单。

将
设计思维
解决方法
与商业挑战
联系在一起

商业挑战	设计思维解决方法
成长	讲故事
可预测性	战略预见
变化	意义构建
维持相关性	重新定义价值
极度竞争	体验式设计
标准化	人性化
创造性文化	快速原型设计
战略和组织	商业模式设计

商业挑战 01：

成长

成长是每一个商业领袖心中最关注的东西。大多数商业领袖倾向于利用传统的成长战略实现成长：新的战略合作伙伴，水平的市场扩张，垂直整合，产品扩张以及特许经营权。尽管所有这些战略都广为人知，但作为成长的一种手段，一个组织是如何决定选择其中的一个战略而不是其他呢？一旦战略被确定，一个公司如何聚焦于自身的资源？组织设计的含义是什么？

定义商业边界，做出关于它服务于以及不服务于谁的清晰决策，这一过程经常引发强烈的关于成长战略的讨论。对这些问题没有简单的对与错的答案，但人们应用设计思维来使决策清晰化，并将其与商业模式相匹配以获得最大的杠杆利润。

《The Eternally Successful Organization》的作者认为成长是不可避免的，“不为别的原因，只是为了能够承受企业发展所必需的日益增加的费用。通货膨胀同样提高了每件事的成本，而报复性的价格增长又不可能永远存在。雇员资格变老时，薪水要增加。由于它们特有的结构，收益成本要增加，并且很难再控制回去，尤其是当企业有利可图的时候。因此，必须持续降低成本，提高利润，为了扩大基础，组织的收益必须持续增长。”

然而，大多数组织为了繁荣，而不仅仅是生存，它们渴求成长。对不同的组织而言，成长的意味不同。一个组织能够选择很多维度来评价它的成长。

大多数组织的最终目标是利润，其他的财务数据可能被作为评价指标。一些商业领袖用收益、EBITDA（未计利息、税项、折旧及摊销前的利润）、产品线的扩张、雇员或其他的标准化来评价组织的成长。

成长还是企业家精神的本质，包括公司企业家精神。高成长会导致管理的复杂性，所以在股东、高管、经理、雇员之间的结盟很快就变成成长的瓶颈。与成长相伴而生的一个问题是一家公司的领导阶层、文化、体系、管理和商业模型在何处结合能使公司团结一致？

成长很大程度上取决于日益增长的经济活动，这需要一定的前提条件，包括顾客的信任和人口转变。由于整个国家被汽车、房子、家庭电器和其他产品日益增长的需求所驱动，因此 20 世纪八九十年代是美国经济空前繁荣的阶段。消费者开销的债务泡沫成长促进了 GDP 的增长，创造了数百万的就业岗位，此时，公司正在构建它们的产品能力，推动公司利润增长。成长在那些环境下是很容易的，商业领袖正忙于出售“已验证”的公式去获得成长。

20 世纪八九十年代的繁荣时期所发展出来的最佳管理实践在全世界的商学院被广泛地构建成模型并被教授给商学院的学生。这些模型被那些在最佳实验中受过训练的经理们自如地应用在一个又一个行业中。今天，危险在于那些基于二三十年前早已过时的模型的理论与实践还在被产业界所应用。考虑到当前的宏观经济趋势和工业动态——由于我们正在一个非常不同、更为复杂的世界中运营，成长变得更难实现。如果你考虑利用新兴的市场，那么需要保持警惕，因为你正进入有着不同规则的游戏之中。

成长不能毫无问题地永远持续，地球的资源是有限的。可持续成长仍然是个神话：不可能从环境破坏中解离出经济增长。因此，我们正看到一个没有成长的未来。除非我们能重新想象并重新发明新的产业，否则我们不能简单地依赖经济增长为我们的公司成长计划提供动力。

成长是企业家精神的本质，包括公司企业家精神。

成长需要战略，每一个战略需要一个故事。

大多数组织会开发特定的规划，这一规划随着时间的推移，会将企业带入到一个能够满足高管团队、股东以及投资集团所设定的目标的水平。成长战略之所以如此重要的一个原因是它们能保持事物运转。在商业界，不进则退！

成长意味着创造一个清晰的、引人注目的未来愿景。你需要根据你在商业中的所需使你的愿景非常清晰。我们如何计划使上下游企业依附我们？我们如何变成市场的领导者？如何拓展多维地理？对于经理和雇员来说，愿景意味着什么？最终，无论目标是什么，最有意义的衡量尺度是根据组织所陈述的目标所显示出来的进步。所以你如何开发组织可陈述的目标？如何开发组织愿景？它代表了你希望组织在未来处于何种状态。

你是如何开发愿景的？
该愿景表明了你所希望的
组织在未来的地位。
对经理们和雇员们
而言，这意味着什么？
拓展至多个地域怎么样？
我们怎么去实施一个
联系四邻的计划？
我们怎样才能成为
市场领袖？
你如何开发组织可陈述
的目标？

设计思维解决方法 01：

讲故事

那些实践设计思维最成功的人是好奇心强的，富有想象力的，充满怀疑的。简而言之，他们是喜欢故事的人，也是喜欢讲故事的人。

故事表达了作者、读者、群体及文化的希望、梦想及激情。它们同时能够表达大型组织的希望、梦想及激情。一个公司的故事真正地决定了公司的目的和价值观。正确的故事总是比正确的战略更实际，这是因为战略容易受竞争者的独创性、破坏性的产业转移以及坏运气的影响，而故事则是不受影响的。如果你写了故事，你便拥有了故事。

每次，大规模变革的努力失败都是由于管理部门不能以一种有意义的方式与中级管理人员以及雇员相联系。他们散发备忘录和 PPT。他们制作公司沟通手册。他们召开厂内外的会议。或者他们抛出干巴巴的数据和事实的逻辑，来让一些读者被动举手接受。简而言之，他们没有讲出一个好故事。

讲好故事是一种能够让一位领导者拥有重新构建一个组织的过去、现在、未来以及问题、需求、心愿和希望的技术。他通过使用一种建立于显著的隐喻基础之上的讲故事方式帮助人们理解公司的价值观和目的，并让人们与此紧密相连。一句话概括，当战略思维意味着逻辑并以事实为基础，故事在哪里？故事要在商业逻辑之上加入情感维度。

“如果以讲故事的方式教历史，
那么历史绝不会被人忘记。”

——Rudyard Kipling

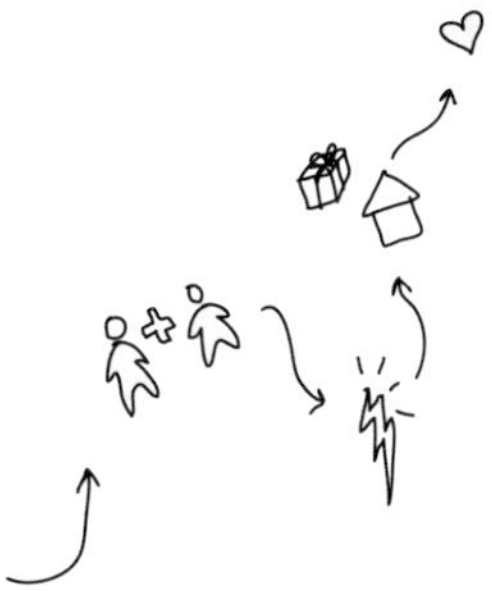

故事培育了移情和联接性，优化了信息和目标。故事提供了一个清晰的开始、中间和结尾。故事帮助我们管理危机。当以一个好故事的形式出现时，故事唤起了我们天生的更快、更加整体地加工信息的倾向。

一个故事的叙述结构是一种教学工具，能够使复杂的结构或关系更容易被听众所接受。因为重要的思想以一种隐喻的方式设定，这样人们更容易理解，无论是讲故事的人还是听众都能够忽略那些神秘的细节，关注于手头的问题。故事的直接性有助于人们追踪重要的关系，与主题产生共鸣。故事能够产生更丰富的体验，培育更深刻的关于组织本质、组织在环境中的地位以及成员的选择是如何对组织成长与成功起作用的洞见。

不像对商业成长传统的评论，设计思维认为数字不能讲出整个故事，需要其他的手段去定义、陈述未来。设计思维方法相信故事能让人们达成共识，组织信息，并以一种有效和可理解的方式来展示信息，故事在这些方面的作用是独一无二的。许多组织在对他们实际上是什么样子的看法上经常难以达成一致的意见。讲故事是一种能够协调公司愿景，并将关键的战略要素转化为一种引人入胜并易被理解的陈述的技术。这种故事陈述能够以一种紧密结合的方式将过去、现在与未来连接在一起。

怎样讲一个伟大的故事才会鼓舞高管和雇员？

使故事更具协作性

不论你是与多方利益相关者一起塑造故事并通过某种众包或共创的方式展示故事，还是仅仅通过非正式访谈从公司各层级的雇员那里收集信息，确保你要讲述的要点与听众能够产生共鸣都是非常重要的。不论多么不可思议，每一个伟大故事的结构内部都嵌有大家所熟悉的东西。

使故事结构化

讲故事的叙述方式是以一种逻辑结构来安排信息，这是因为我们熟悉开始、中间和结尾。由于故事讲述者和听众知道这个结构，因此他们能够关注故事内容。当内容在发展，一个好的故事讲述者能够以一种听众更清楚、更熟悉的方式交流挑战，分享复杂的信息。只需记住：关键内容是结局——一家公司想成为什么样子，它想到达哪里，即未来是什么。

使故事更吸引人

媒介可以成就消息，或者破坏消息。对于你的听众而言，何种媒体、经验或事件是合适的？如果你的回答是 PPT，你不需要一个好故事，而是需要好好地被训斥一番。为了使你的信息被人理解，你需要将听众带到有着新鲜东西的新地方。考虑一下直观的视频、漂亮的打印、办公室外的环境给人们带来的专注，这些都会通过新的体验鼓舞人们。

使故事能够表述行为

一位故事讲述者通过雄辩地叙述故事来吸引听众。一位有效的故事讲述者不是简单地讲述词语而是通过利用肢体语言、音调、节奏和时间安排等夸张的技术来赋予词语以生命。像 Steve Jobs 或魔术师这样的故事讲述者通过他们吸引人的表演和表达方式来吸引人们的注意力，消除疑虑，将人们深深带入战略描述的美好情感中。

使故事切实可行

人们喜欢他们能够看到和触碰到的东西。故事帮助阐述意图以及未来可能的样子，考虑技术展示、原型，以及其他可见、可触碰的人工制品是如何标志着组织的战略意图，并清晰地表达如何在一个特定的方向移动、成长和转化。

使故事生动有趣

以游戏或模拟的方式来构建交互式的故事以便听众能够以一种整体的、自我导向的、交互的方式体会故事。这些方式支持将渐进的、阶段式的成长故事融入沙盘游戏。这些游戏使人们能够在一个清晰定义的规则体系和一个可被理解的情境中探索并体验角色、任务和关系。

使故事真实

虚构指一个故事可能的真实程度。一个故事的虚构程度与故事的可信度、适用性及其解释某事的潜能有关。即使是完全虚构，听众依然能够识别出它能否应用于真实的情景和环境。对讲故事而言，完美的虚构率是多少？故事应当包括未来愿景以及可能的成长，愿景与成长稍微超出了我们的能力，但我们努努力，还是有实现的可能。这样一个故事在提供指导团队所需的信息的同时能够鼓舞团队并使之全力以赴。

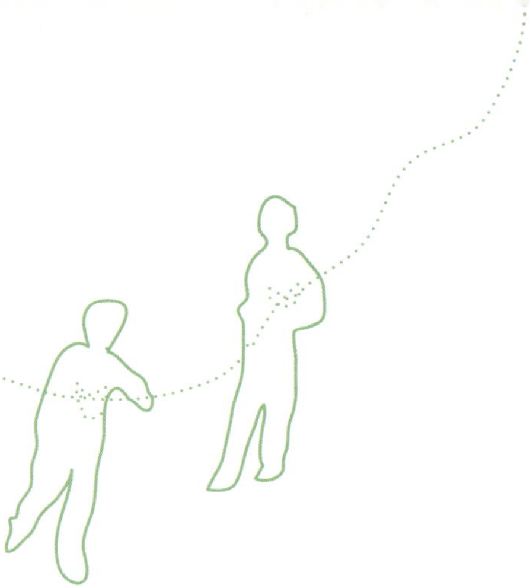

建构移情作用，促进转化

成长导向的故事有助于引发利益相关者的情感投入和响应，能够为组织灌输乐观精神，驱除对未来的焦虑。通过采用以人为中心的讲述来培养共同的目标，以成长为导向的故事在组织内外的利益相关者之间创建了更强力的连接。这样，每一个参与其中的人可以分享他们的感受、观点、假设、期望及激情。作为结果的对话使组织能够容纳并统一大量的观点，这些观点在最初可能一致也可能不一致。这使得重新充满活力的组织通过新发现的、故事驱动的内聚力变得更顺势而为、敏捷、有效。

故事是一面镜子，通过阐明一个组织在当前如何运营，在未来如何能够或不得不做出改变来反映文化的当前状态。故事能够将组织现存的文化置于新的情境中，强调优势与劣势，构建围绕着成长愿景的目标，阐明角色的转换。这为利益相关者提供了重新措辞的机会，并帮助他们为变革做好准备。更进一步，通过聆听与参与成长导向的故事，雇员们能够意识到他们必须获得、开发或改进的新的技术和能力。他们接受一个非常直接的观点，必须获得并开发资源去追求新的目标和里程碑。

思考要点

有 7 ～ 9 个我们常用到的核心叙事结构。它们为我们提供了体验新的环境和情景的机会。这些框架能够使人们从移情的角色扮演中获益，以一种更凭借直觉的方式探索目标、选择、决策、动机、行为和成功。

通往组织转化和成长的道路能够通过开发熟悉的故事结构中所设定的性格、人物角色、人工制品和未来导向的原型系统进行有效沟通。利益相关者很容易通过探索他们在多样化的环境和情景中的选择、行动和体验来识别、从事、辩论或学习。

故事将一个组织的过去、现在和未来联结在一起。组织所面对的一个问题是年轻一些的、新来的员工缺少年龄大些的、更有经验的同事所具备的长远视野。这通常创造了一个感知上的分歧，会导致对公司目标的理解出现断裂。讲故事是一种使新员工适应公司文化的有效方式。通过阐明公司所走的道路，故事帮助员工对公司来自哪里、它面对什么选择和挑战以及前方是什么有更好的理解。

商业挑战 02：

可预测性

商业战略是在延展性和可预测性之间寻找平衡。延展性是指外部环境能够受到公司或产业行为影响或被塑造的程度。可预测性是外部环境在未来能够被预测的程度，这取决于变化的复杂性和速度。可预测性一般不能解释任何打击或主要的破坏。可预测性在商业规划、产品发布、技术项目等领域以及投资者中被高度期待和评价。可预测性构建了经理们知道他们正在做什么的自信，将会有效地规划资本和运营投资。

想知道战略规划与战略思考之间的真正区别吗？问问管理大师 Henry Mintzberg 就可以了。对他来说，战略规划“总是关于分析，将一个目标或意图分解为行动步骤，以便它们能够被执行……明确表达预期的后果或每一步的结果”。他写道，战略思考则是关于综合的。在这里，直觉和创造力是塑造组织愿景的工具。本质上，这是战略预见，一种能够看清可能的未来、阐明模糊性并形成新的能够建立竞争框架和创新机会的新观点的有效方式。

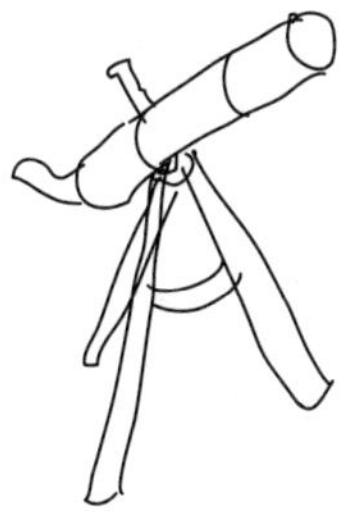

“预测未来的最好方式是创造未来。”

—— Peter F. Drucker

大多数组织努力通过执行可量化的、重复的、熟悉的商业流程来获得增值水平的预测。这种类型的预测使得组织能够改进效率、效果和生产力，同时逐渐降低成本。典型地，商业领袖通过寻找包括交通和供应链议题在内的特征和参数来识别用于改进和预测的过程。但这是现在，不是未来。

能够维持一个有用层次上的预测唯一真正的途径是积极从事组织未来的塑造。通过学习、开发、可视化未来的情景，一个组织能够将自己武装起来为明天做好准备。例如，思考如何理解数字技术的含义，提高信息流的普及度，将消费者的态度转入到所有者身上等问题，可能会带来令人惊喜的经过努力才能获得的成功机会。那个经过努力才能获得的成功机会就是战略预见。

COLLECTED
STORIES
BARRYMORE
NO STANDING
ANYTIME
Scarlatt
ARK

设计思维解决方法 02：

战略预见

面对未知世界，商业必须采取不同的方法去预测。管理未来不确定性的能力对于成长或生存规划是关键的。由于创新社会、新技术、快速全球化的经济的崛起，商业领袖不仅被迫要处理变化的速度，而且还要处理大量全球规模的新的复杂性、不确定性以及自相矛盾的人或事。通过尽可能多地对风险、可能性和智慧的理解，未来将会从当前必须做出的常态的决策、战略和承诺中出现。

大多数经理欣赏并理解战略预见的价值，但不知道如何使它足够可行或将它整合进商业战略。战略预见不是“规划”，它是规划的许多输入中的一个。战略规划需要考虑当前竞争和运营环境中的众多因素，基于对微弱信号的严格解读，通过推断数据来预测可能的未来。对于预见的实践者，使命是想象能够创造什么样的未来，并为战略提供一个愿景以促进有意义的对话，以及指明一条道路用以弥补今天和明天之间的任何能力差距。

“不要绝望：绝望意味着你完全地受到控制，知道将要发生什么。你不应放弃希望。”

——Alain de Botton

战略预见是一个有意为之的，系统的过程，与建立广为人知的未来导向的观点有关。这些观点有助于引导并激励创新、规划和决策。通过为我们配备所需的工具和资源，以提出刺激我们神经的问题和挑战、验证假设、重新思考目标并探寻有意义的战略选择，战略预见帮助我们理解预期变化，并为变化做好准备。战略预见鼓励系统地探索不确定性以及不确定性对行为和关系的潜在影响。

为什么商业需要战略预见？

有助于预防意外的糟糕事情或为惊喜做好准备。

在动态和不持续的环境中，预见能够帮助组织更好地理解变量，这些变量正在影响组织的速度、本性以及变化所带来的可能影响。预见提出并面对需求，从而在一个反复无常的、复杂的、不确定的商业环境中持续地确定方向，重新确定方向，规划和行动，以便我们不会被变化出其不意地袭击到。识别并质疑变量影响以及驱动变化的重要意义最终有助于我们预期未来的条件并为之做好准备。

有利于建立并维持竞争优势。

预见能够帮助一个组织对以下两点有更为稳健的理解：一是竞争的动态性可能如何变化；二是可能在哪里存在差距和机会。这反过来有助于丰富一个组织的创新潜力、资源以及机动性。这通常通过强化更快地定义并占据机会空间的能力来实现。

积极地影响和支持创新。

预见是许多关键的输入或原始材料中的一种，有助于构造、刺激、管理创新。任何创新周期在 18 至 36 个月的，正在利用趋势分析塑造未来的组织不妨认输。到产品投放市场的时候，你的趋势已经成了旧闻。预见利用趋势，但不是今天的趋势，而是发展成明天的趋势。预见能够被用于战略前端作为指导，作为燃料、过滤器或催化剂。预见还能被用作未来的放大器或关键的检验未来的镜头。

授权并使之参加。

预见有助于个体和组织开发并改进他们识别未来机会并把机会转化为有意义的输出的能力。开发并实践这些技巧还能够建立必要的技能以便在动态的、不确定的、模糊的、不太明确的环境中做决策。

“从你的未来而不是过去来创造未来。”

—— Werner Erhard

设计思维和战略预见

设计思维是解决“恶劣”问题的。随着变化速度持续增加经商的复杂性，新的。更为复杂的系统，甚至更为“恶劣的”问题将会持续出现。在更大的挑战和更快的解决办法之间，组织应接不暇。

预见是一个重复的、累积的学习过程，这个学习过程会应用设计思维的工具盒，包括环境扫描、环境刻画、原型创造以及情景开发。预见通过质疑那些正在塑造可能未来的变量和不确定性之间的相关性，阐明它们的质量和潜力，描述它们对现有模型和关系的影响，提供了探索、学习、识别出变量与不确定性的方式。

探索未来以及未来的不确定性应该是一个组织中个体的日常行为。正确的做法是，应该将其与规划、战略以及创新周期更紧密地联系在一起。

有许多预见的工具、流程和方法可以帮助组织赢得速度，其中的大多数始于弱信号。

什么是弱信号?

在 20 世纪 70 年代，Igor Ansoff（一位应用数学家、企业经理、战略管理之父）注意到战略管理的失败部分原因在于组织忽视了模糊的、异常的、引起歧义的，但却非常关键的那些信息。为了证实这一点，他提出了弱信号理论。

对他而言，弱信号代表了变化以及变化的潜力。乍一看，这种信号可能是微不足道的（如 P2P 文件共享的出现）或者是高度颠覆性的（如数码相机）。这些信号不是事实或趋势。作为正在出现的将会颠覆或转变现有标准的新能力出现的迹象，弱信号代表了现实中的微妙变化，这些变化将会在个体或组织的行为、需求、期望或价值观上得以体现。

例如，在无名技术领域的早期研发投资对于在那个情境下工作的专家而言，可能是一个明显的强信号，专家甚至可能在非常早的阶段，就理解了新性能的潜在影响。然而对于那些在这一特定领域之外的不熟悉这一领域的人而言，这仍然是弱信号。

从弱信号开始，战略预见的过程包含大量的组成部分，下文会详细介绍。

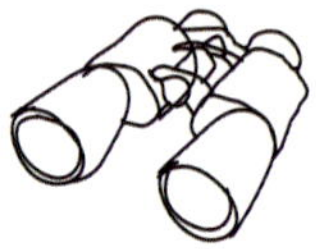

弱信号扫描

信号是影响并塑造未来竞争和运营环境的规则、边界及关系的驱动力量。最终，扫描的目的是识别这些驱动力量是什么，并围绕它们如何相互作用以及人们可能如何重新定义未来来构建感知。

弱信号扫描包括寻找环境中的信息和预见，这能够帮助构建不远的未来的环境中的组成部分。通过对互联网、科学和学术期刊、媒体、政策制定者、初创企业、竞争者以及其他资源的研究，一个组织能够理解那些新的正在兴起的在技术、行为、文化、产品、服务以及其他输入方面的转换是如何发展到塑造可能的未来的。

开发一种基于证据的方法，用于收集、合成以及社会化新的关键信息，这一活动能够弥补知识差距并获得对世界更为整体的理解，进而将组织的注意力转移到新的机会领域、威胁及潜在的盲点上。产生于弱信号扫描的关键观察和洞察有助于组织重新评价它与正在变化的环境有关的当前行为，开发一种新的对话，为未来做规划，在长期的努力中有效竞争。

传统的环境扫描的方法包括识别并分析那些来自于社会、技术、经济、环境以及政治背景（STEEP）的信号的质量和性质。作为一个积累的过程，在这些主题领域的持续扫描有助于构建一个更强大、更有竞争力的知识基础，在这个基础上，能够定义、优化、描画并探索潜在未来。

弱信号加工

对出现的信号进行追问有助于决策制定者和规划者审查组织长远的假设，批判文化逻辑，质疑战略僵化。在这个过程中，利益相关者开始对那些成为企业成长障碍的反对或限制力量有所觉察，通过不同的方法发现并识别出在多元化环境中的驱动力量。

这里，人们使用信号对前方的路可能是什么样子进行了一种初始的分析和转换。本质上这是一个让人在大量令人迷惑的数据中创造秩序的“初次剪辑”。最终，这是一个在对结构、模式、主题以及趋势的识别基础之上讨论和分析信号的有预见的组织阶段。

弱信号放大

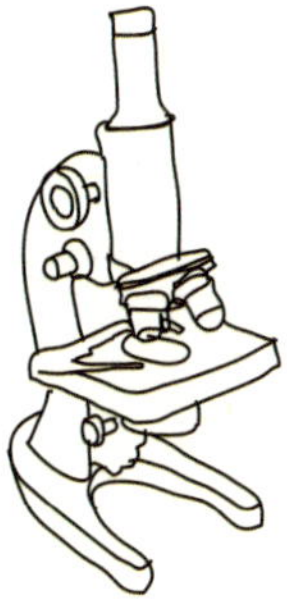

确定哪种信号、预见及驱动因素对未来环境最为关键，以及它们在何处彼此相匹配，对于降低噪声、创造清晰度是非常关键的。在这一活动中，从业者考虑哪些信息与特定的企业目的、组织能力或从前确定的其他目标更相关。我们的目的是识别出哪些因素可能对组织的愿景、目标、战略或者未来的竞争局面产生巨大影响。

这里，从前步骤的输出被用来创建和扩展未来会面临的景况。情景、愿景以及规范的方法被应用于这一用途。我们不应该限制任何特殊工具的应用，系统思考同样是高度有效的，简单地描画一个系统图或不同假设下的因果循环图也是一种有效的技术，它能够调查不同的未来可能如何呈现。这一阶段所问的问题取决于所考虑的潜在未来的类型，以及它们在哪里是合理的、可信的、可能的及更可取的。

环境映射

环境映射是一个意义构建的过程，包括建立并证明用于设计未来导向情景的条件和规则。这个过程力图将通过扫描收集到的信号的意义进行优化、组织、放大以及可视化。在一个可持续的预见模型中，在环境映射中所定义的规则、边界以及关系可能随着时间演化，以便与正在变化的市场条件和组织行为匹配并连接。

情景开发

情景是用来呈现选择，并将决策和战略产生的影响进行戏剧加工的讲故事的工具。情景使得利益相关者能够接近、体验、讨论、预演对可能未来的多重响应。情景同时还是高度有效的原型设计工具，能够调动想象力，将人的体验、行为及动机——无论是个人的还是组织的置干核心地位。作为虚构的场景，情景允许我们从多个视角描画、询问并探索一系列可能的未来，同时提供一个能够被共享和响应的普遍的人工制品。

情景一般会在环境映射的活动中自然呈现，环境映射已经建立了非常清晰的框架和规则体系。通过参与创建广为人知（well-informed）的情景，利益相关者会对驱动变化的力量以及未来可能如何演化及呈现有一个更整体的认识。

最终，这一过程定位于创建有形的输出，为组织提供一系列战略选择用于应对可能的未来。通过落于纸面的描述、可视化的地图、多媒体展示甚至经验事件，目标是沟通未来环境、潜在颠覆、选择路径以及塑造并围绕在情景周围的驱动力量和基本原理。在这里，构建时间轴帮助组织想象新的用途、技术的应用以及价值观、行为和期望的转变等因素的速度、影响和环境变化，以便对更近、更可触及的未来做好准备。

思考要点

技术扫描超出了流行的技术媒介之外，将关注点转移到发明者的实验室、初创企业、大学以及车库以便收集、分析、解释即将出现的技术的功能特性。这些技术以及它们所承载的潜力可能在将来的某一天转变或颠覆当前的模型、行为及关系。

跨行业扫描追踪到了相近行业的市场表现和创新，以便从中识别出新的组织行为——研发投资，专利应用，新兴产品，商业模型以及经验原型，这些行为证实了其他行业是如何创造、定义并适应变化的。

情景本身不是最终结局。情景是在处理许多未知事物时改进决策质量的一种工具。结果不是一个未来而是多个未来。大多数公司中的战略规划方法仍然严重偏向单点预测。在这样一种环境下，执行前提是，“告诉我未来看起来将会是什么样子；之后，我们能够做出决策。”这种思想形式的存在将不会从多点预测和情景中受益，并且可能引起更多的困扰和不信任。组织需要准备好去接受没有确定的情景这一事实，去回顾每一个情景以便为每一个战略组成部分（例如，情景 A 下的最佳设计或技术投资是什么？情景 B 呢？情景 C 呢？）确定最佳集合，同时回顾这些特定情景集以便为每一个战略因素确定最柔性的选择。

商业挑战 03：

变化

所有公司为了生存和成长必须容忍变化。在动态的世界中，那些会引起破坏和不确定性的难以预料的事件层出不穷。关于变化的一个可恶的小秘密就是没有关于变化的理论。变化相当于领导力的核心，领导者在设计和执行任何变革项目前必须理解变化的环境。他们必须参与任何可能的事以规避对变化的抵制并管理好这种抵制。他们必须鼓励表达关注和批评，而不是压制。领导者同样需要避免人们为变化而思考变化。

组织需要为变化制定计划。至少，他们应该能够在问题出现时，有效地对问题做出反应。最大程度上，他们应该知道如何参与变化并捕获变化中衍生出的机会。简而言之，一个不仅为变化做出准备而且期待变化的组织是能够战胜挑战的组织。

正如我在本书开头所提及的，我们正生活在一个变化重新塑造产业和类别的时代。无论它是过去 10 年里正在爆炸的经济泡沫，规则的转变，新兴市场的竞争，新的消费期望，或者是消费者对品牌角色、价值和合法性的影响，今天的商业环境与当前的大多数 CEO 们首次进入时的样子已大不相同。

关于变化的研究和文献表明，变化首创精神（initiative）的成功或失败的首要原因，是对领导变化负有责任的领导技能、精力水平以及个体知识。根据这一结论，一个显而易见的问题是：什么样的领导行为或能力与有效地领导或监督变化的首创精神关联性最强。对于这个问题，你不会得到直接的答案。

培育应对变化的能力，鼓励雇员开发新的创造性的方法，这样的工作环境总是使组织比竞争对手活得更长久。许多公司不能应对变化带来的挑战，因为相比于改进，满足现状是更容易的。为变化和成长而努力是保持公司竞争力的法宝。

但大多数公司为效率和可预测性而生。很少有公司能足够柔性、敏捷地处理真实世界存在的全范围的变化。关于人们如何以及为什么要使用商品和服务的文化变革并没有通过市场研究被正确评价。公司并没有授权给雇员去创造性地解决地方性的组织问题。大多数公司发现它们更容易处理系统发生的小故障，而不是在开发抢先战略时更敏感、更直接、更有创造性。这产生了一个错误的链式反应。对于许多公司，这种对变化的阻碍是一个缓慢而持续的衰败的开始。产品变得老旧，品牌变得不相干，组织变得骄傲自满。

组织变革最终可归结为处理以下三个方面：

1/ 差别化

“我们有变革的攻坚点。”

2/ 恰当

“我们有正确的战略，利益相关者与我们休戚与共。”

3/ 效力

“我们能够处理变化，并致力于变化，我们有信心存活下去。”

一家公司的变革时间表可能在战略上是可靠的，看起来已为接下来几年的变革做好准备，但是愿景容易受到错误的和不可预测事件的影响。为防止变革带来的混乱，公司可以用意义构建作为一种保有战略敏捷性的手段。

设计思维解决方法 03：

意义构建

作为设计思维方法的意义构建既敏捷又自适应。它采用较宽范围的“意义”和各种识别、收集、质疑及解释日益复杂情势意义的技术。当不可预知的事件持续引起破坏并威胁繁荣时，公司必须容忍变化以获得生存。规划是必须的——不只是作为对变化的一种反应，而且要参与变化。意识到你需要将其他的设计思维工具和技术也应用于变化是非常重要的。你需要认识到今天你在哪里，未来你想要到达哪里，以及完成这种过渡需要什么。意义构建是一种开发变革能力所必需的能力。

意义构建是为了预测变化产生的影响，然后据此有效地应对变化而理解任何特定环境中的连接和洞见的一种一次性或持续的努力。意义构建采取了一种模糊的、处在不确定性和复杂性阴影下的情势，使其能够更好地被决策者理解。这里，结构与数据都没有被局限在某个地方。结构影响数据，数据反过来也会影响结构。意义构建不仅仅是一个过程，它还是一种有助于理解、学习和改进的思想形式。一旦我们通过意义构建对正发生在世界中的事有一个更好的想法，我们就能更好地武装自己以应用我们在想象与连接等方面的能力。

将设计思维引入MBA 教育中的规划是必需的——不只是对变化做出反应，而且要参与变化。

在商业环境中，意义构建这种设计思维方法倾向于定性化地处理信号，而不是定量化。设计思维采用意义构建技术用以理解、质疑、面对变化，所以企业能够积极地构建即将来临的事，而不是成为消极的牺牲品。从社会、技术、经济、环境及政治五个方面来寻找能够塑造人和组织的行为、价值观及动机的那些驱动因素和条件，意义构建鼓励团队追求新的问题，而不是固守于简单的、（通常是）陈旧的答案。

Karl Weick（组织心理学家，意义构建之父）将过程描述为“通过将某种促进因素放入某种框架中来构建未知世界以便我们能够理解、解释、归属和预测。”

这一活动始于鼓励并开发一种提高了的知觉状态，并发现每一水平的敏感性。相比较而言，一些知觉的开发可能比另外一些更自然而然，但知觉能够通过新的关系，以及与超出商业核心之外的非传统资源、网络建立对话来加以培育。

从感知到意义构建

从那些永远在转变的，威胁到组织定义需求，威胁到组织中人、流程、价值观以及信仰的外部市场条件来看，企业是复杂的组织，必须要保持对变化的敏感和敏捷。设计思维使用感知技术，根据人们如何看待事物以及事物之间的相互关系来寻找解释和答案。意义构建意味着组织议题——“战略”“断点”“心智模式”“目标”“愿望”“核心能力”“团队”等并不是我们在世界上能够发现或存在于组织之中的事物。更何况，组织的资源是人们的思考方式。

从外部看，感知意味着理解消费者和文化，而不是数据驱动的市场，所以即使是微小的变革信号，在它们没有发生质变之前，也是能够被评估的。从内部看，感知包括定量的、以人为中心的要求：理解围绕着将我们定义为人类的那些规则、实践、关系、技术以及环境的意义。由于这些是流动的，因此需要一些直觉来解读它们的发展轨迹，要求感知对模糊性保持开放，并在模糊中发展，而不是寻找对于现象的硬数据解释。最终，感知没有解决问题。感知扩展了知觉的范围以便对状态提出疑问并重新修订状态。

意义构建是一个过程，设计思维工作者通过这个过程理解体验。它能够被应用于了解市场的突然转变，产业间的价值迁移，与颠覆的技术相关联的新出现的行为，或者是一个从前成功的商业模型为什么会失效并需要重新设计的原因。为了做到这些，分析输入的过程（如消费者预见、预测弱信号、商业目标、竞争性分析等）需要从简单到复杂反反复复地进行。然后，你再次回到起点，挑战假设，识别新的知识、观点以及鉴别条件。

意义构建既是关于模式识别的，又是关于异常检测的。尽管通过广泛地观察发现异常值是有用的，但有时，结果显示出在创新过程中通过“时机”这一关键因素能够影响趋势和轨迹。时机是任何创新通道中都存在的一个关键因素。通过意义构建，组织能够更好地感知到设计、推出新产品或服务的时机。

一个组织为了吸纳一种内部意义构建的能力该如何重新设计自己呢?

1/ 改进意义以提高敏捷性

设计思维努力去适应并获取用于感知正在变化的行为所需要的工具、方法以及资源。它还鼓励我们拆除那些限制我们向周围世界展示、理解并欣赏周围世界的条条框框。

2/ 收集真实的数据

意义构建需要稳健的输入：深入对顾客的洞察，弱信号扫描，竞争性分析，软性和硬性的主要指标，当然，还有企业绩效度量。

3/ 构建感知能力

使公司中的个人或团队能够变成感知者。鼓励组织中所有的成员定期收集并共享信号。使这个过程程序化并使内容易于鼓励交换意见并收集意义构建。

4/ 培育感知网络

鼓励在现存的部门、组织、市场、行业之外，专业和社会网络之内的跨职能、跨市场、跨行业以及跨文化的连接，以发现在周围相临近的世界里正发生着什么。了解感兴趣的话题，正在被讨论的已被感知到的机会和威胁，以及围绕在它们周围的语言和心智模式。

5/ 利用社会媒介

利用对话平台构建更广大的自动化传感器网络。识别关键的节点，并定期监控它们，与其他资源相互参照，并且在它们出现时反复地突出主题。

思考要点

你已经看到了被即时贴所环绕的所有设计思维工作者和具有创造力的咨询工作者的照片，可能想知道他们正在做什么。在许多情况下，他们是在进行意义构建、但是意义构建绝不仅仅是使用即时贴。

意义构建包括创建心智模式或心智地图的过程，心智地图根据概念、思想和知识以一种突出的视觉影像的方式表达记忆陈述。它们被用于解释事件，而不是孤立的促进，这有助于在复杂和动态的环境中理解其中的关联并做出决策。每个组织都需要寻找视觉的、相互作用的、“可移动的”方式去组织意义构建的原始输入。不要用看起来很酷的输入来获得华而不实的效果。为你的组织定义最好的路径去识别、组织、聚集、优化身边的信息。意义构建不是一个线性的活动，也不是一个将信息转化为预见的活动。意义构建并不总是有清晰的开始和结束点。可视化经常可交换地被用于意义构建。但是可视化的本质不仅仅是一个有意共享的影像，它还意味着主动的应用以形成那些能够减少风险和不确定性的行动，探索行动以发现系统效应的含义或机会，构建包括行为与认知两方面的行动模型以便检查和转变环境。可视化对意义构建而言是极为重要的。

phone could...
PROFESSIONAL PAUL
VANITY VANESSA
SENSIBLE SAM
SIMPLE SIMONE
BRAGGING BOB
SOCIAL SALLY
GOALS
ATTITUDE
FEARS
&
INSECURITIES

商业挑战 04：

维持关联性

所有的品牌都需要建立可见度、目的、意义和可信度，以便在某一类别中被认为是相关的。通过创新，一个组织能够把自己提升到超越竞争对手之上，并使得竞争对手在很大程度上与顾客是不相关的。这与品牌偏好有很大的不同。关联被粘接得更深入，能够在品牌之间产生清晰的分界线。

在空白区的类别或子类别里的创新对于今天的市场成功是必需的。事实上，由于顾客的习惯行为，所有的类别，从酒水饮料到计算机，从金融服务到空中交通，市场和产品的改进很难影响到一个品牌的销售额或利润。销售额上有意义的变化几乎总是与通过实质性创新或转换式创新所创造出的产出物有关。

顾客的期望值在提高，同时许多品牌变得资源更为丰富，精于获得关注，并裁剪它们独特的销售概念和理由以迎合市场。但是顾客正变得对公司更加苛刻，要求公司与他们永远在变化的生活方式保持相关。相关性在维持长期性方面尤其困难。随着时间的流逝，品牌必须重新思考并重新定义它们所带给消费者的价值。

What would you do if you
had the power to do more?
The power to do more

POWERED
BY YOU
FOLLOW US @CANWENETWORK

设计思维解决方法 04：

重新定义价值

设计思维通过提高与人们感知和定义价值的方式（身份、愿望、态度、信仰、需求以及欲望）之间的协调程度来寻求关联性。它识别出个体对价值的感知和解释是时常变化的，因此，设计思维聚焦于识别出影响这些变化的潜在因素。设计思维鼓励在人、品牌以及企业之间通过观察、接触以及更亲密的倾听来产生更广泛的共鸣。为了做到这些，关注点必须在建立、构造以及促进恰当的对话上，这种对话将有助于产生真实的预见，有助于企业在面对变化时，重新定义价值并维持它们的关联性。

重新定义价值的设计思维方法始于人，而不是产品。设计思维试图将已经存在于品牌 DNA 中或者能够被设计进品牌 DNA 的功能、情感、社会、文化等方面的价值进行定位，并使它们与顾客当前的或正在出现的价值观相匹配。

有许多方式可以识别并解释价值可改变的、相对的本质。就品牌而言，诚实守信是最好的保险单。我们所面对的是：品牌团队如此专注于它们日常的挑战与品牌文化，以至于他们只见树木，不见森林。

“价格即所付，价值即所得。”

——Warren Buffett

企业往往过于相信品牌神话，很少会准备好、有意愿或是能够去承认他们无法确定的事情：苏打水并不能提神；洗涤剂会将毒素带入水中；移动电话非常笨重；服务也堪忧；这其实一点也不方便；而你们仅仅是模仿性的创新组织。

就客户而言，缜密且人性化的研究便是最适宜的实践。这的确很简单，我们也就长话短说：通过线上调查、客户固定样本和焦点小组，你永远不会真正理解人们如何定义产品和服务的价值。

一系列复杂动态的因素结合在一起影响着我们的价值观。我们将价值与满意度或需求的满足联系起来。也就是说，价值与产品、服务、系统、加工品或某种关系联系在一起，这种关系往往能够助力企业达到预期目标。从另一个角度看，价值与实施情况也相关。如果这件事的目标是有意义的，并且其收益等同于甚至超过了它的成本，那么这件事就是有价值的。

诸如个人经历、需求、欲望、愿望和期望等因素形成了对价值的感知。并且，传承下来的社会文化规范与拟合力在社会层面影响着我们的价值观。但是其中许多传承下来的规范在如今也比以往更容易改变，新信息、新观念、新关系和新选择不仅对价值的定义提出了挑战，而且在不断地塑造和重塑这些规范。

在着手管理客户价值时，你也许会首先抓住一个观念，那就是客户如何理解价值和如何受到市场、先入之见的影响，或是科技和新兴行为的趋势是如何塑造出价值定义和传播方式的。客户价值是任何竞争策略的核心，也是通常为管理者所忽略的，这往往导致管理者制定出个性化营销、品牌、产品发展和定价的一系列策略，而非考虑有意义的战略和设计性的实践。

关于客户如何感知和定义你的品牌或商业价值，要从这些出发点来说明：

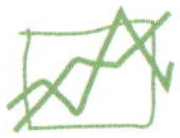

01/ 识别出为你的品牌、产品或企业带来价值的功能、社会、文化和历史方面的原因。这在以前是如何变得有意义的，为何会有意义？然后，与如今的情况进行对比，确定出这些改变的驱动力和强度。

02/ 弄清楚你的核心客户在这些价值驱动力方面是如何评定你的竞争对手的。通过可视化映射来展现这些价值驱动力以阐明关键环节之间的差异。

03/ 在用户环境下定义并阐明每个价值驱动力。

04/ 明确每一个价值驱动力的改变速率，并找出一些信号来证实哪些驱动力的改变在减缓、哪些在加速。

05/ 举办研讨会，以在博弈之前发现重新定义价值的机会，这种机会往往存在于对顾客的供给与顾客需求之间差异巨大的方面。

06/ 设计并举办一个多人参与的设计会议，邀请一些客户来谈谈这些驱动力，以证实你们的假设，允许客户创造新的价值组合。

07/ 对结果进行分析，并建立一个价值映射的研习小组，来探究如何重新定义价值，以改变竞争格局。Ikea（宜家）、Netflix（网飞）、Zipcar（吉普卡）、Nintendo（任天堂）、Amazon.com（亚马逊）、Salesforce.com（赛富时）、Zappos（捷步）和EasyJet（易捷航空）等都是成功地通过重新定义客户价值来改变博弈格局的经典企业。

思考要点

当前我们对客户价值的理解是什么？近年来证实出客户评价的前三位属性了吗？这些属性哪些仍然相关，而哪些不相关？思考客户价值时，需要考虑以下的属性。

- **你怎样才能迅速解决我的问题？**价值就是用最简单、最便宜、也最有效的方式，来解决客户的问题或者完成一项工作。聚焦于以上“三最”，能够帮助你稳固竞争地位。

- **你怎样才能用我想要的方式解决我的问题？**价值很大程度上基于个人偏好，而且并非一个方案就适用所有场景。

- 关注定制化，让客户注意到他们的问题和你的解决方式是有些独特的，并且你已经准备好帮他们解决一定范围内的任何问题。

- **你怎样才能随时随地解决我的问题？**这里的价值是由你的强烈意愿和便于交流所定义的，即使客户还需要一些额外的花费。将关注点放在服务、可靠性和经验上，根据实用性对这三点的重要程度来定义出你的市场。

- **你怎样才能为我解决一个我不想去了解的问题？**这里的价值由你如何才能为客户解决问题，并尽可能减少客户的参与度来决定。关注你如何才能帮他们处理这些任务的一部分，这些任务往往是很多人不愿去处理甚至听都不愿去听的任务。

- **你怎样才能解决甚至连我自己都不知道自己有的问题？**这里的价值由你在任意领域里都具备的卓越领导力来驱动。你的客户会相信你的任何话，会相信你考虑得更长远，相信你能够在工作中解决问题。

NIVEN
BARDOT
IN THE
THE EXPLOSIVE STORY
MICKEY MOUSE CLUB
La
MOUSEGETAR-JR.
In Eastman Color
She wanted revenge...
He wanted her!
Their kiss sealed a dangerous bargain!
HANK McCUNE
LLOYD BRIDGES
BARTON MacLANE
Screenplay by PETER LA ROCHE
MOUSEGETAR-JR.
Mattel Music Box
Mouseketeers' songs
NYLON STRINGS
Play the Mickey Mouse Club songs
MATTEL, INC. TOYMAKERS
You can tell it's Mattel... it's swell!
MOUSEGETAR

VITAMIN D
HOMOGENIZED
MILK
CHOCOLATE
$10,000 in CASH PRIZES!
It's easy...It's fun...It's profitable!
tastee-freez
tastee-freez
BRAND NEW FLAVOR!
BANANA
Strawberry
SPLIT
The wonderful world of 28 flavors
Meadowland
ICE CREAM
Cutlip's
DELICIOUS
ICE CREAM
NO FINER MADE
BULK PAK
Manufactured by
CUTLIP'S ICE CREAM CO.
NORTH BEND, OREGON
POLAR BRAND
For Better Quality
ice cream
MARKY
MAYPO
Roy Rogers
DOUBLE R BAR RANCH

商业挑战 05：

极度竞争

管理不善、不当的战略决策以及未能对破坏性创新或激烈竞争做出正确反应的结果是，许多股东价值在过去的十年里锐减。传统的竞争策略往往导致进一步商品化。纵观所有产业，你会发现致力于差异化的企业能在市场上提供他们拥有的一切。差异化需要有相关性、有意义，因此就算是高管抱怨“我的产品越来越商品化，而商品化的步伐越来越快。我该怎么做？”，这样的抱怨也不足为奇。

如果企业决策和他们的战略方式是完全通过逻辑和分析方式做出来的，那么我们的世界看起来会完全不一样。我们会为了效率将解决方式进行优化。可以预见竞争会减缓。客户能将世上所有的产品和服务视为可互换的商品。

但是企业之间的竞争不是由客观形成的。它也由创造力和创新性塑造着，这些创造力和创新性加速了改变、驱动着差异化。这使得业务的开展不太像是井字棋，而更像国际象棋，因为在国际象棋中，尽管移动和行为模式都可以预知，但优秀的企业领导者会偏离常见的途径，而采取新方式来取得胜利。

如今，由于过度商品化，这些常见的途径也比以往更富有挑战性。尽管由于诸如技艺、质量、传统和长期存在的价值符号等关键因素，一些产品和品牌远离了大众，但由于没有差异性，大多数还在那里的产品和品牌都在遭受损失——或者在不知不觉中即将遭受损失。

如果你所拥有的一切是另一个酒店品牌、活力饮料、奢侈钱包、智能手机或混合动力车，你会怎么做？回答也许是进行体验式设计。通过体验式设计来创新，这能使企业在一些最常见的产品和服务类目上实现高度差异化。

设计思维解决方法 05:

体验式设计

体验式设计是一种整体性、多部门的方式，能够创造出有利于交流的环境，也能使用户和产品、服务、系统和空间之间得以交互。它在产品和服务的物质和认知层面都考虑到了双方互动的感觉。体验的边界可以扩展，包括感官、标志、时间和空间。可以囊括实际客户价值，也可以囊括情感价值。这不仅关乎界面、适用性或客户服务流程。这还与体验这个词有关。

体验式设计是既定的一系列设计性思维实践，如果执行得当，就能得到客户青睐，赢得客户忠诚度，忠诚度会让客户每次都愿意回到你这里。通过在每个阶段都将体验中的每个维度最大化，例如一次购物经历（发现、互动、离开、离开后），它考虑了客户是如何被产品、服务或品牌吸引住的，这就为形成真正差异化的、特别的甚至不可思议的产品、服务或品牌做好了准备。

“注重旅程，而不是目的地。快乐不是在完成工作后获得，而是在完成的过程中寻得。”

—— Greg Anderson

为了能够做好准备，组织不仅要考虑和评估一个产品或服务怎么工作，而且要考虑它怎么传达意义和意图。体验式设计强调建立对用户需求、文化、期望、假设和能力的清晰理解。一种体验如何与用户交谈最终决定了产品或服务的与众不同。

设计思维工作者批判性地观察和评估他们每天遇到的不同体验，并且仔细思考这些体验之间的不同。他们会问：“是什么造就了更好的体验？为什么？”事实上，我们大多数人每天都在一定程度地做这个事情，特别是我们当中那些会在一个高度武断的、社交媒体驱动的世界里和他人分享自己体验的人。

随着多个种类的竞争提升，品牌价格、特色和设计之间的差距正在变得越来越小。但是直观地来看，大多数人知道汤姆斯布鞋（Tom's Shoes）和匡威（Converse）的区别、联合航空（United）和西南航空（Southwest）的区别、塔吉特商场（Targer）和沃尔玛（Walmart）的区别、塔可钟（Taco Bell）和墨西哥风味（Chipotle）的区别，以及道奇(Dodge)和奔驰(Mercedes-Benz)的区别，因为我们已经至少体验过每个种类中的一个品牌。

设计思维尝试探索像上面这样的品牌之间的回旋空间，并且将其转化为竞争壁垒。当这种差别是或者可能是感性的时候，设计思维工作者会问：什么时候产品的价值会超过其使用价值？在什么节点情感价值会开始收益递减？情感溢价的价值是什么？应该有情感溢价吗？我们能否将情感元素融入设计中却不增加成本？

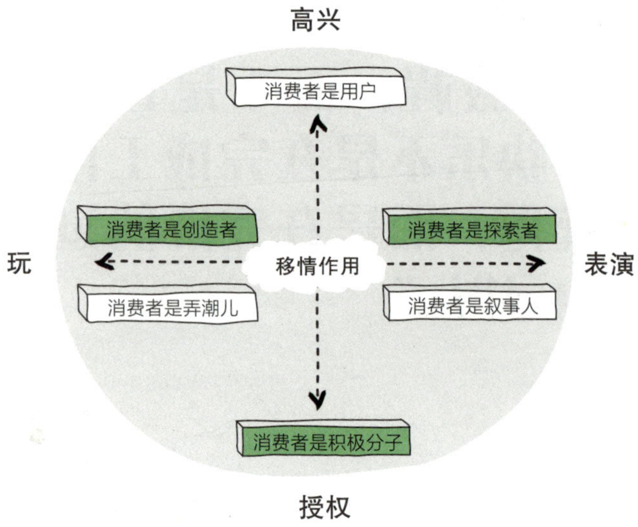

这些问题的答案埋藏在体验的本质中。所有的体验都是功能性的、社会性的、文化性的以及个体性的。它们对于人们十分之重要、意义非凡。它们有着过去、现在，甚至受到反射和自反性约束的未来。为了传达和巩固一种价值主张，他们需要在对品牌、产品、服务、界面和交互的有意设计中认真改进。

如何做？

社交体验。社交不仅仅是关于Facebook和Pinterest，好吗？你如何让自己的品牌更具社交性呢？你能连接人们吗？你能否帮助人们缔结有意义的关系？你的商店能不能被重新设计来转化成更多的社交空间？

学习体验。你的品牌、你的商店或者你的在线资产是否能够学习和掌握，以使你的顾客能够有途径得到让他们觉得自己更聪明、更快、更强以及更好的体验？

有意义的体验。在社交和学习之上，其他东西怎样通过你的品牌来让你的用户体验生活中更具意义的事情呢？如果你的第一直觉是跳到因果营销，那么再想想看。你需要做的不仅仅是通过给钱来提升印象。

极客体验。谁不想把他们喜欢的东西以极客化的形式表现出来呢？比如在商店的设计中，考虑直接表达体验。例如走进一家 All Saints 商店，橱窗中的缝纫机代替了服装模特，柏帛丽雨衣店里的巨大电子显示屏代替了让人想逃离的时尚狂人。

理解体验设计的四个关键维度

因为人类体验是多维的，所以相应的，设计思维也是多维的。下面是体验设计的四个维度：

1/ 明确体验的范围

定下开始点和结束点。你可以扩展边界，但是你必须在一开始就让边界存在。有了范围就有了在商店、营销、电子等方面的交互宽度。你想要或者需要用户在哪里参与？为什么呢？

2/ 理解体验的强度

一些体验是让事情快速轻松解决的简单常规方法；另一些是复杂的、强烈的并且高度情感化的。你需要基于那些既高度理性又感性的体验的各个方面来分析和评估你的努力。这就是强度所在，同时也是风险所在。

3/ 识别关键的体验触发点

体验是由能够引起认知的刺激物触发的。这些刺激物可以包含图像、符号、照片、视频、气味和声音等。体验设计师需要考虑如何将上面这些元素进行组合才能触发品牌认知，并且思考怎么用它们来辅助传达。

4/ 加深顾客对唤起意义的参与度

当体验设计能够唤起意义时，它就实现了其最大影响力。有时产品或服务之间的差距很大，但是被可靠地执行时（意味着这是你商业文化中的一部分），它们和品牌的连接更紧密。意义的中心是核心价值。如果你可以很好地表达它们，顾客会愿意认购它们。

思考要点

你可能并没有一个顾客体验策略，但你一定有顾客体验，无论你有意还是无意地创建了它。每个公司都提供一种顾客体验。你可能并没有完全操控这种体验，但总有机会把它变得感性且难忘，并让它为你工作。你应该怎样设计一种情感化体验呢？隐含的问题是要知道对于情感参与者来说，什么有用什么没用，同时也要考虑经济上和操作上的可行性。最开始可以用顾客体验地图来可视化地描绘个体顾客的需求和目的，以及一系列为满足这些需求所必需的交互作用和信息，然后通过整个流程来对顾客体验进行情感陈述。

当这些实践是基于人种学研究和现场调查时，顾客体验地图能够成功。现场调查允许研究者体验和观察顾客的情感，因此使得经理们不仅仅是通过传闻来了解顾客需求。这些实践的结果显示了顾客在体验地图里的感受，同时体验地图能够邀请利益相关者进入顾客的世界并分享他们的体验。作为回报，利益相关者能够更好地传达故事给管理层和一线员工。这就能够成为你体验设计的起始点。

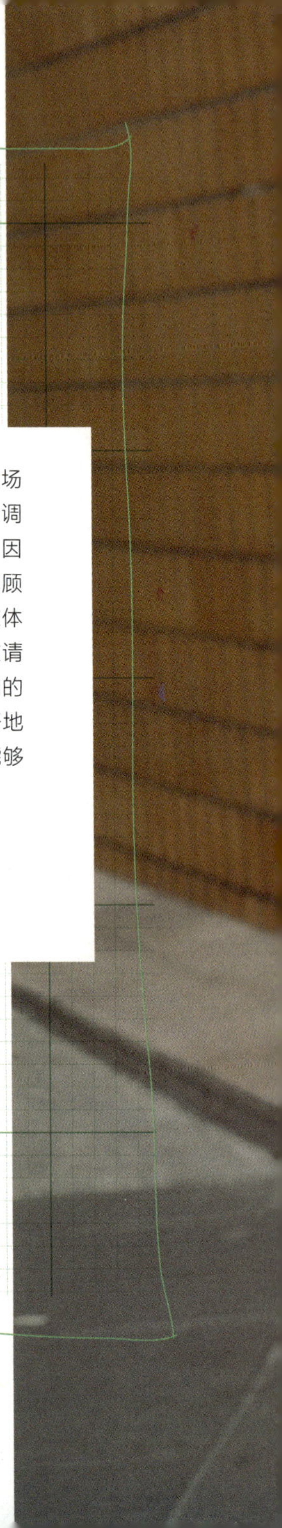

FREE
HUGS

ART
FERMENTATION

FARM

商业挑战 06：

标准化

标准化是每个公司都需要的成本动因。它是一种通过流水线活动、利用技术以及维护雇员工作流来减少操作成本的方法，实现操作上的、成本上的和性能效率上的控制。但标准化实践个体的触觉，减少顾客的选择，远离雇员。这是每个公司都必须掌握的平衡行为：你如何在维持人文素质的同时保持精益、平均和效率，这最终会使人们喜欢上你的公司。

为了实现流水线操作以及尽可能生产有利可图的产品，每个公司试图更好地利用企业科技力量、设计规则驱动的工作流以及自动重复工作。它的意义在于当你每次想驾驶时不用重新发明轮子。然而，忽略那些追捧它的原因，标准化的竞赛将会来带严重的、经常是不可预见的开支。

正如公司一样，许多人也希望更高效。我们喜欢可靠性，我们喜欢一致性，我们喜欢又快又好地做事。但是我们也喜欢将一定的感觉成分融入我们所做的事情中。当一个公司的工作重心是让标准化的优先级别变高，它将无视品牌的感情系数并疏远顾客。比如，一个市场调研实践的标准化看不到人们真正的需求，一个产品设计实践的标准化会陷入无法看到远高于今天最酷功能的困境中，一个细分市场的标准化会失去具有价值的机会而去给不应该享受服务的人提供服务，而一个内部指令的标准化会让利益相关者看不到当下真正的嘉奖：一种以用户为中心的文化。

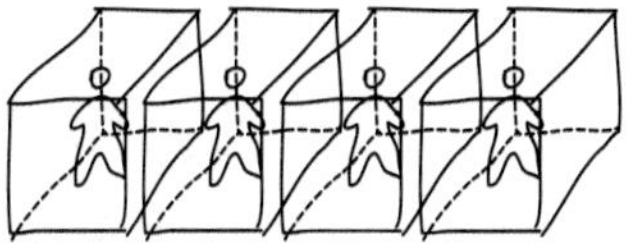

与有些有着设计思维的作者想要告诉你的话相反的是，对于标准化的批判不是基于这种信念：价值观相同的公司在创新上会不如价值观迥异的公司更成功。就像人类一样，公司是复杂的生物，每个公司都拥有其历史、质量和特性。谈及创新，公司的上述这些方面都不能被简单地概括为 LinkedIn（商务化人际关系网）主页的“十大创新方式”的列表。标准化可以使得内部流程更快速有效，它能清晰地建立每个雇员都必须面对的绩效目标。它能提供公共平台使得供应链运转得更快更便宜，并且它能够成为产品部门的一句战斗口号，来通过朴素设计使得消费者的生活更简单、更快乐。或者，它做不到。

当我们在开拓一个项目时，从消费者包装好的商品到技术，各行业的客户给我们的团队提出的最常见的挑战之一是：不管一个见解或者一个观点多么伟大，它最终都会受到公司标准的束缚。在一些案例中，传统制造业的标准为创新设置了巨大挑战。

如何在不牺牲创新机会以及能够最终识别创新机会的人类的远见卓识的情况下来维持运营效率呢?

尽管所有那些你值得付费的好的咨询公司都理解，让一家卖圆形商品的公司去考虑方形商品是一场持久、艰难的战役；但客户（特别是包装食品世界里的客户）经常会很快指出他们公司的创新能力受到各种因素的制约，比如尺寸、形状和原料。我们都知道二三十年前机器以当时那种方式造出来是为了提高效率，但是那不应该阻止我们去考虑有一天方形的东西比圆形的东西卖得更好，因为消费者需要或想要它们。在这里，过去的标准化会限制未来的机会。

在另外的案例中，我们安排了人类学家来开展现场调查，他们用最简单、最简洁和最迷人的语言来交流洞察力的价值，他们认为这种理解可以被用来给客户创造真正的竞争差异。但是当客户的市场调研部门有了这样一种固定和极其死板的方法来接近、思考、谈论用户并且用一些词来识别用户所谓的需求，比如目标、细分、可操作的，以及最糟糕的一个词“有理由相信”；这时，标准化就成了创新的敌人。它束缚了视野，抑制了共鸣，并且它最终会使公司失去潜在的变革机会。

标准化的平衡做法是很难实现的：如何在不牺牲创新机会以及能够最终识别创新机会的人类的远见卓识的情况下来维持运营效率呢?

设计思维解决方法 06：

人性化

伟大的设计为了支持用户体验中更温柔、更人性化和更情感化的方面，而排斥标准化。在每一罐苏打水、用户界面和公共交通枢纽里都能发现这些兼具温柔、情感和人性化的设计，顾客也许不会公开描述这些，但在内心深处却对此有着深深的感受。设计思维工作者对吸引人的设计元素会很敏感，这些设计元素鼓励且滋养了一些情绪，比如附着在产品、服务或品牌之中的深刻体验。

体验中缺乏人性化并不总是故意为之，而是当标准化确立后自然发生的。一位在突发事件中处理大量受伤患者的医师，必须从感情中抽离出来以使自己能满足每个人的需求。类似的，产品、服务和商业模式自然要和生活的柔软面分开以使操作高效。但是最终，顾客并不在意他们最爱的咖啡背后的操作，他们在意的是享用咖啡时的愉悦之情。

设计思维工作者提醒企业界，他们最终响应的是人类价值、信念和需求。他们理解效率和标准化始终会在商业流程中占据一个位置，但是他们也认识到在真实生活中的能够给予产品、服务和品牌真正价值和意义的顾客体验中，吸引人的设计元素是最能引起共鸣的。

来自于文化并根植于文化中的人性化

伟大的设计实际上等于它与那些最终使用这种设计的人们开展联系和打磨关系的能力。这意味着伟大设计的首要任务是理解使这种关系成为可能的文化上吸引人的设计要素。

文化是界定一群人及其行为的共享价值观、信仰和表现。没有对文化详实的理解，商业就不能理解人类的情感是制造还是破坏顾客体验。作为设计思维中一种有价值的工具，文化是抓住设计中人性化机会的出发点。

理解文化意味着提取出了定义了特定顾客体验的所有社交意义（以及情感）。比如，喝咖啡包括在雾蒙蒙的周六早上充满渴望地饮用第一杯咖啡所带来的情感上的愉悦，或是一次大学里通宵学习后的伴随着咖啡香气而来的身体与精神上的复苏，或是在最喜欢的餐厅里大吃一顿后品尝咖啡所带来的平心静气。对于咖啡师、咖啡品鉴师和当孩子们小睡后想要特别优待一下自己的家庭主妇来说，这（一杯咖啡）是文化资产的一个单位。太多的情感和环境定义了咖啡的体验。设计思维工作者提取出每一种咖啡环境以寻找设计人性化的机会。从这里面，一种在真实世界里喝咖啡的全景图出现了——定义了对于消费者来说，咖啡在他们每天的生活中意味着什么。更多的与文化相关的设计相继而生，给品牌带来有意义的、经受时间考验的顾客互动。

人性化并不只是从文化中来，它同样根植于文化。设计者是给予他们创造的东西以社会价值观和信仰的一群人。设计思维工作者在力争理解他人文化的同时，也要理解他们自己的文化。因为他们认识到他们自己的情感、实践以及信仰体系会告诉他们做什么、怎么做和为什么这么做。为了达到平衡，设计思维工作者通过和公司、他们的伙伴、品牌代表以及终端顾客等进行协商，鼓励在产品或服务生态系统中的所有人之间产生对话。

"做人的本质是不追求完美。"

——Gorge Orwell

语言中的人性化

想想商业人士今天使用最多的语言：目标、驱动绩效、要结果、可执行，以及其他一些让管理者感觉自己身处某种特别运维小组中的标语。在这里，权力、独断以及可见性这样的语言让人们产生了企业是机器的错觉。但实际上企业不是机器。企业是由那些定义了价值观并将价值观附着在日常生活中的人类所填充的组织文化。当然，组织还是应该满足人类需求的组织文化。

如果所有的企业都是为人类制造产品的，那么是时候开始让企业故事变得人性化了。设计思维工作者力求在设计中重新嵌入以人为本的能够带来新意义的特性，这意味着就那些定义了每个工人、团队、企业单元，以及办公室的个人历史、梦想和欲望展开真实谈话能够产生全世界通用的关于公司文化的人类故事。记住：每一个工人都不是轮子里的一个齿轮。 件衣服上班时穿，下班也穿回家，会在人的有意义的一生中被磨损成旧衣——那是一个有意义的品牌故事，不仅仅是关于公司是做什么的，而且关于公司是谁：公司中的“人”。

-SPIRITS
-BEAUTY

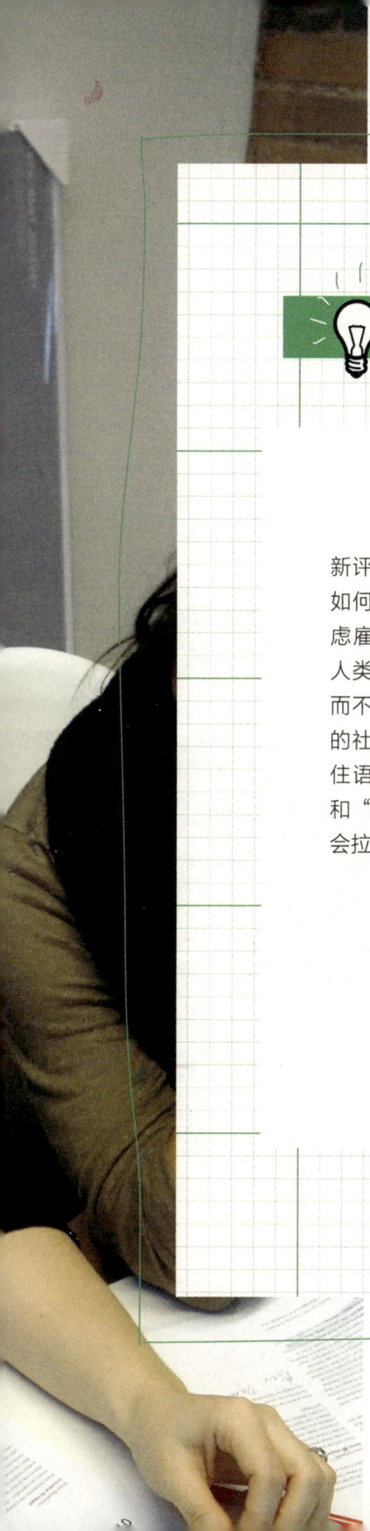

思考要点

一条通往更伟大人性化设计的路是重新评估你的组织是如何研究消费者，以及如何讨论或代表他们的。在研究方面，考虑雇用人类文化领域的专家：社会学家、人类学家，以及那些能够专业地理解我们而不用让我们参与焦点小组或者跟踪研究的社会科学家。在讨论和代表这方面，记住语言构筑了全部的文化；讨论“目标”和“细分”的组织无论以什么方式谈话都会拉远与人们的距离。

人性化能通过可用性、人因、顾客体验设计以及品牌叙事来实现。所有的顾客、雇员以及他们的朋友都是人性化设计的一部分；如果你让他们给你的品牌或组织带来人性的话，他们也会将你的品牌带入他们的网络和他们的生活。人性化的品牌会吸引和支撑真实生活中的人们的社区，会使顾客对组织所犯的错误更加宽容。

Coca-Cola
enjoy ice cold
pepsi pepsi
Creative Culture
Creative Culture

FIRE
Creative Culture
Creative Culture
Creative Culture
Creative Culture

商业挑战 07：

创造性文化

不论大小，许多公司都会掉进尝试创新“正确”道路的陷阱里。在改正和避免错误上花费太多时间、精力和资源，投入在有趣的、实验性的创造上的时间、精力和资源就会不足。

创新的文化是创造性的文化。我们当中很少有人会否认那些创新性很强的公司在 DNA 中就有一定的创造性。但是拥有一个创造性的文化并不是关于一个充满了时髦椅子、乒乓球桌、电子游戏区或者便利贴的工作空间；它是关于识别甚至拥抱从一开始的不确定和含糊，并且将你的热情和技能（不管它们是在你的左脑还是右脑）用于提出想法、找到解决方案，以及用新的策略性方式解决问题。

创造性不能习得。一些公司偶尔会和设计师开设创造性工作站；同艺术家、建筑师或者厨师一起举办创造性活动；并且鼓励工作时间的创造性项目，希冀这会在员工中提升创造性，以便他们能在日常工作中提出更多创新性的解决方案。另一些公司，比如皮克斯公司，其所开办的皮克斯大学有超过 100 门包含了从即兴表演到做饭再到自卫的几乎所有领域的课程。皮克斯公司培育了员工的创造性作为一种不间断的、内部的首创精神，这种首创精神支撑了一种宏观的组织态度。但是对于那些做得很好公司的来说，团队和公司创造性的资本是经历试验、错误和偶尔的失败得来的。这里，游戏的名字是实验，如果做得好，它就会滋生好奇和兴奋的文化。

因为大多数公司是由很多人一起经营的且倾向于风险规避，所以当想到创新的更柔软、更模糊和更温暖的一面时，对于那些盈亏不和创新产出（比如动画）相关联的公司，其对创造力的态度会比较狭隘。事实上，许多这样的公司是真正害怕创造性的，他们认为这是不利于效率的一种麻烦。但他们错了。

如果一个组织的文化不是设计和鼓励创新且愿意承担风险的话，那么它当然会在和那些对创造性实验更宽容甚至以其为驱动的竞争者的比拼中成为牺牲者。在这个靠着新点子来为激烈竞争和过度标准化助力的商业时代，创造性和设计思维有必要成为每个公司的中心。

在1995年出版的《Defying the crowd: Cultivating Creativity in a Culture of Conformity》一书中，美国心理学家Robert Sternberg和Todd Lubart认为“人们生来就是具有创造性的；当然啦，创造力也是可以开发的”。通过提出他们的创造力投资理论，他们认为人和环境之间的关系就像是投资者和股票市场的关系一样。创造力投资理论描述了环境对创造力判断的影响。在这里，创造性人群像低买高卖的优秀投资者。创新想法最开始也许不会被市场认为是创造性的，但是这些人会尽力来改变这种判断以使其卖价更高。一旦当市场被这个想法或产品的创新价值所说服，这些人就转向下一个最初不被赏识的想法，这一点也不意外。为什么这些人如此有创造性且执着呢？根据Sternberg和Lubart所述，他们能够明确培养创造性的六种关键资源：智力、知识、思维方式、个性、动机和环境。

这些是打造创造性文化的原始材料。设计思维工作者提供了很多方法来帮助公司建立这样一种文化，但是最突出的方法是快速原型化该方法鼓励试验、错误、实验和创造性玩法。

设计思维解决方法 07：

快速原型化

快速原型化是一个迭代的学习过程，这个过程通过建立、测试、理解、完善这几个重复而累积的循环，来获取和表达随着时间而日益复杂的高保真信息。原型被传统地用于设计和工程环境中，但当它们成为其他的组织文化中不可或缺的一部分时，它们足以开发一种创造性的思维模式。这种思维模式能够有效地聚焦于想象、社会化以及测试任何想法，包括工作流程、团队结构、商业模式，当然了还包括产品和服务。因为每一种设计思维的产出都始于一个原型，所以应该把原型看作是文化的一部分，而不是一种特定的工具。

大多数商人都对“快速失败、便宜失败、早期失败”的概念比较熟悉。设计思维建议使用这个概念的另一个维度：快速学习、便宜学习、早期学习。原型是打开这个维度的一个方法，它是一种相对低成本、亲力亲为的活动，它有助于将人们带到同一个概念层面、发现新的知识，以及在早期就识别、减缓设计和开发风险。这被用来避免下游成本，同时也为想法的内在和外在交流及社会化构造关键资产。作为亲力亲为方法的一部分，原型典型地试图让多个利益相关者和所谓终端用户作为参与者包含和参加迭代的每个阶段，从纸上谈兵到最终的产品。

原型是创造性对话的通用语言。它推

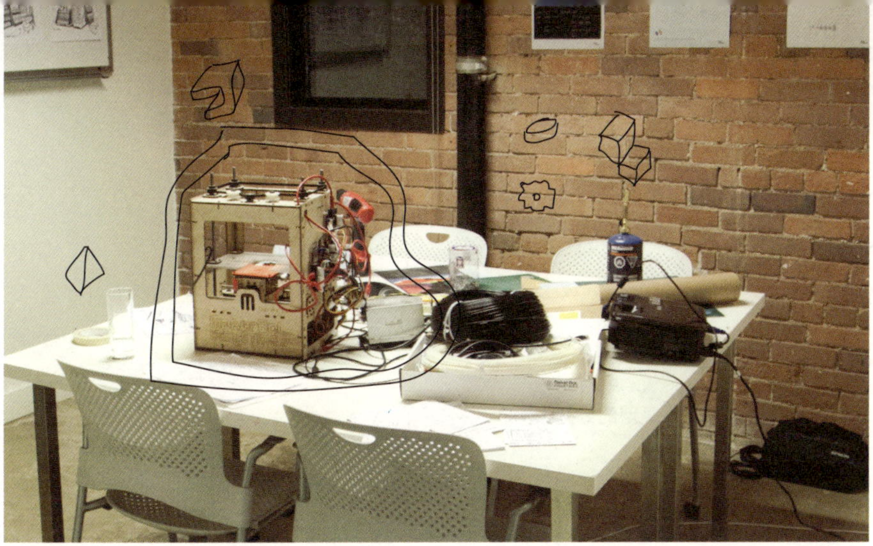

崇游戏行为，将之作为想象力和构思力的重要组成部分。原型可以使员工对图表与模型或产品与服务的实物模型进行多次反复设计，并根据用户的体验对模型进行测试与修正，以此来构建多个反馈回路，是一种产生新知识、让模糊的概念变清晰的方法。概念相当简单：对于人们来说，想要清楚地表达他们想要的东西，使用原型要远比在 Excel 或 PowerPoint 里列举商业需求简单得多。考虑到几乎每个组织都声称想要为更快的产品开发设计一个更敏捷的流程，使用快速原型作为一种加速学习和反馈回路的方式的组织少到令人吃惊。而这些学习和反馈回路能够评估潜在意义，以及生成商业问题的共享心智模型。

“你可能永远也不知道你的行为带来了什么结果，但是你如果什么都不做一定没有结果。”

——Mahatma Gandhi

在商业设计中使用原型的好处

01/ 提升团队所有权

快速原型能够确保在以一种更为切实的方式走向生命的环境里，公司中那些引导变化以及受变化影响的因素牵涉进理解未来，甚至是塑造未来的过程之中。

02/ 发现可能性

快速原型显示了一个想法潜在的解决方案、障碍和未知的结果。通过将每个人带到同一页面进行讨论、研究解决方案，他们创造了一种对当前愿景或者未来状态的共享理解。

03/ 加深洞察力

快速原型使你在看见全景图的时候，也不会丢掉其中的细节。通过和利益相关者以及潜在用户一起使用原型，团队能够更好地甄别各种使用中的问题、变通方案、缺口、品牌连接以及机会拓展，这些能够驱动开发和精炼。

04/ 促进跨职能的合作

原型能够促进那些原本没有机会互动和感同身受的雇员之间的联系。这些从原型中得到的体验、制品和故事成为团队共享叙事中的一部分，能够在组织中继承和转化。另外，通过减少设想、思维定势和其他沟通中的阻碍，原型在忙于共创活动中的员工之间产生的联系增强了员工彼此间的关系。

05/ 改善可见性和可预见性

快速原型为变革提供了一个蓝图，这个蓝图可以要多详细有多详细，从而带来具有里程碑意义和发展清晰的未来。无论是设计产品、服务，还是以新的方式在公司内工作，快速原型都会提高可预测性。

构建、滋养以及植入创意自信

原型在开发一种更忙碌、更具创造性的组织文化时扮演了重要的角色，它用一种切实的方法给想法带来生命。这使得与他人分享想法并收集反馈以便取得进步都变得更简单。鼓励和启用横跨组织的原型可以帮助组织滋生一种更具有创造性的文化，这种文化更舒服、更自信，也更能够计划、探索和学习关于问题和机会的创新方案。

对于领导者来说用正确的用于创造的资源来支持一种原型文化是重要的，比如，脏空间——用简单工具和基本材料（如纸、马克笔、泡沫、陶土、纸卡、磁带，甚至CAD 软件或者 3D 打印机）制造东西的工作站或实验室。没有必要投入大量资金；只要表现出组织对原型的承诺，并以一种切实的方法表现出对原型的鼓励和支持意愿就行。另外，引进特别技术和流程的培训有助于改进已有技能集以及原型的质量。

思考要点

记得当你还是个孩子的时候对于表演秀或恐怖故事的兴奋吗？原型能够将这种魔法带回来，并且促进员工之间（在某种时候已经遗失掉）的对话和相互学习。通过推进能使员工展示和分享工作和想法的原型事件，公司可以学着更好地工作，并采取快速行动以利用新的、颠覆性的机会。

每个人都能参加到快速原型中。你不需要具有创造性，你需要的是愿意尝试——素描、绘画、卡通、地图、制作以及展示。然而原型可能很粗糙，每名员工都能在纸上写下自己的想法来分享和构建主意。

商业挑战 08：

战略和组织

并不是每一个公司都需要彻底改变其核心业务，但是当改变的情况已经十分明显，对彻底改变的需要就十分明显了。想想柯达、索尼、Palm 以及通用汽车这几个案例：在每个案例中，为了展开竞争，对结构、系统、文化和性能的商业模式重新设计都是被战略性创新所驱动的。

在诸如此类的案例中，如此的转变可能包含了战略上的决定，进军高端市场、进军低端市场、从商品转向服务和解决方案等。当商品化的步伐持续加速，或者产业边界开放给了新的竞争者，这类转化都是极其重大的。这就是设计思维开始起作用的地方。

新的颠覆性的商业设计经常使用新出现的科技。通过创造性的和创新性的方法，许多组织通过各种方式急速转向轻资本（capital-light）的商业模式，包括采用开源科技、发展战略联盟，或者重新配置他们在价值链中的角色。设计一种轻资本或者高资本效率的商业模式能够让利益相关者获得最好的利益，潜在地增加真实价值，对停滞进行补救。

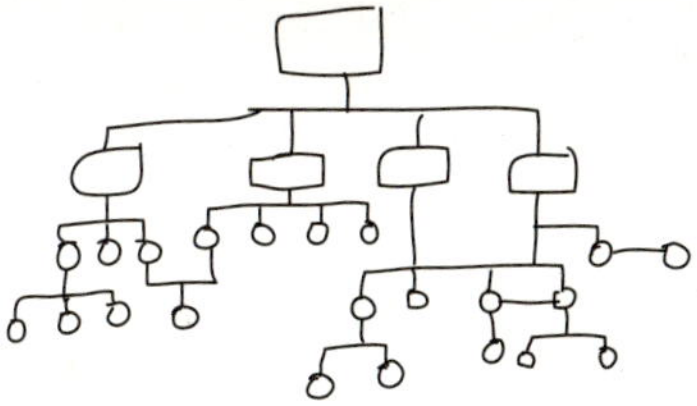

公司需要找到一个他们能够在创造价值时扮演关键角色的未来。

许多商业环境的持续崩坏以及波动使得高级管理者的战略规划成为令人泄气的实践，这些高级管理者认识到他们必须尝试塑造一个根本不被知道或者受他们自己控制的未来。由于工作被管理当今的商业活动和现金流这类事物所充斥，多数高级管理者的日程表被此种活动塞满，使得他们没法足够灵活地处理明天市场上的变化。

领导和高级管理者们经常期望拥有愿景能力，这样能看到未来并且给公司传达清晰的战略。这对战略规划来说是一种危险的方法，因为如果领导或高级管理者是错的，将会发生什么呢？由于知道这种情况可能且经常会发生，并且不管是在CEO和高级管理团队脑中出现的想法还是在咨询团队帮助下出现的流程，大多数领导通过依靠专业规划部门来下赌注，这些部门通过精细的数据系统来运行，而这些系统并不比古老的假设或企业教条能做得更多。

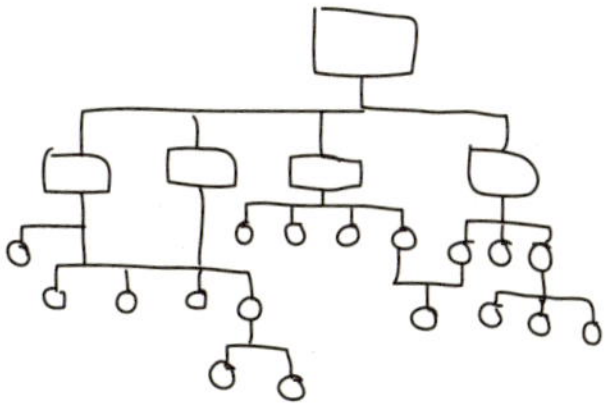

想象力和创造力在正式的规划流程中完全没有位置。占据舞台中心的，通常是操作改进，因为它们具有容易量化且有衡量基准的优点。但是随着时间的流逝，许多公司都忘记了通过持续操作改进来维持增长的范围是有限度的。相比于所有这些微小的、不间断的调整，公司需要找到一个他们能够在创造价值过程中扮演关键角色的未来。为了达到这个目标，需要在商业模式设计中有一定程度上的企业想象力。

设计思维解决方法 08：

商业模式设计

围绕着商业模式创新有很多谬见，并且经常用来和商业战略、商业设计混淆在一起。商业模式创新流行起来有两个原因：其一是赢得消费者认可但公司不知如何从中赚钱的新技术的扩散；其二是行业间竞争的加剧和颠覆性挑战者的快速出现。在战略里，价值创造的最高形式来源于商业模式设计，并且强健的商业模式能够制造壁垒且允许公司维持他们的竞争优势数十年。想想宜家、苹果、Zara、亚马逊、Costco，以及 ING 这几家公司。一个好的商业模式同样也很难复制，因为它的各个组成部分环环相扣。

一些商业模式比其他的更有影响力。它们的鲁棒性取决于价值创造如何与价值获取相匹配。为了创新一个公司的商业模式，必须首先理解之前的模式是怎样定义的，然后审视应对未来的改进存在哪些选项和路径。目标是要创建能够创造用户黏度、忠诚度或者竞争者壁垒的模式。这个流程是可变的，是用一种新方法完全重新设计核心功能以捕获价值。

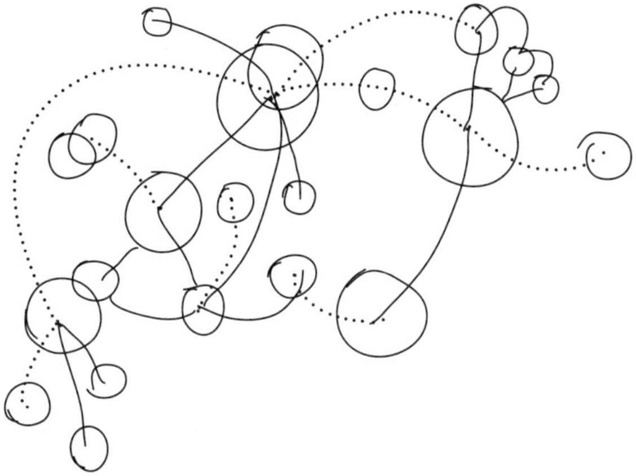

“若与现有事实相斗争，你永远无法改变什么。若要改变什么，就得建立能将现有模式淘汰的新模式。”

——Buckminster Fuller

每个人都知道，成功的商业模式应当开启企业资产中的潜在价值。即使这个话题已经阐述了非常多的内容，然而人们还并不能很好地理解商业模式这个术语。其中的模糊性和混乱性起源于这样一个事实：不同的作者讲述商业模式时，他们还不一定指的是同一件事物。一些作者指的是收益模式的若干部分（例如订阅或授权模式）；一些作者指的是具体的过程（例如配送模式）；其他作者指的是企业战略的概念（例如价值链双方之间的要素和联系）。但是，只有指向一个企业活动的整体（而不只是一部分）才能称之为商业模式。

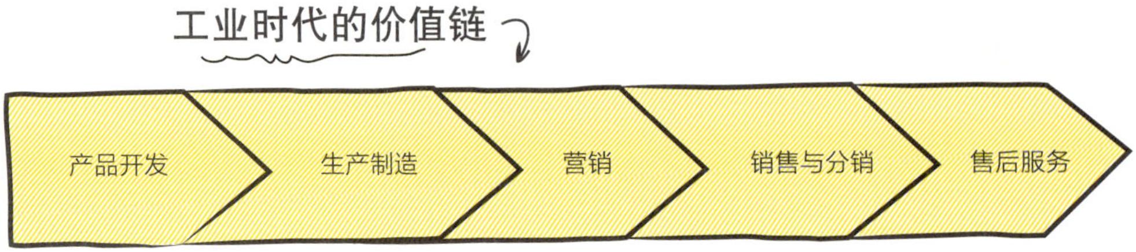

商业模式的功能与超集成度

商业模式的作用有很多。其一是为一些客户表达出明确的价值定位。其二是定义出价值链的结构，并明确企业在价值链中所扮演的角色如何将价值传递给客户们。其三是描述出企业在价值网络中的位置，这个价值网络联系着供应商和客户，描述好企业的位置还包括要识别出潜在的合作者和竞争者。其四是规划出一种价值流，以说明收益将从哪里来、之后将如何充分利用这些收益。

如今，关于一些商业模式在充满经营风险的环境下，是多么复杂和困难，以至于无法实现的这个话题，已经有了许多言论了。战略、文化、体系、品牌、产品、服务以及在组织中的人，这些结合起来，便形成了战略竞争优势。战略竞争优势反过来又创建了一个复杂的产业生态系统，这个系统的范围已经超出了董事会议厅和商业单元之外。通常来说，价值存在于这些复杂的产业生态系统中，并使得竞争者或新进入者难以复制。

许多大型的组织由于太复杂，以至于让人难以完全明白它们如何运作、如何盈利。这种组织往往看起来就像是在自动运行一样。实际上，它们是由大型企业的软件系统来运营的，这些软件系统能够与其他特定的系统实现交互，以形成组织的中枢神经系统。

但是，当软件太庞大、运营的系统太多时，就会不可避免地出现一个问题。就如同失控的机器人，可能会按未设定的方式行动，并触发一些预期之外的系统行为。无论丰田汽车公司最近的危机是否该归罪于软件，软件的这次失误的确提出了一个严峻的问题：如今，软件是否复杂到了无法控制的程度？还有，当几百万行代码变成几百亿行时，这些内在缺陷会带来什么后果？

这个问题超出了软件本身。如今，每件事物都很复杂。一些系统，例如商业系统，由于太复杂以至于不允许其出错。政策制定者忧虑的是，接下来的银行或其他行业的危机会使人们认为，这种复杂性应当通过调控变化来避免或消除。在某种意义上，这种想法是人们不能信赖极其复杂的体系能够顺利地运行，甚至完全不能信赖它们能够运行。庞大的规模就是内在的罪魁祸首。

近期，对复杂商业模式的瓦解也有一些言论。从投资者的角度看，投资那些商业模式容易理解的企业，是否比投资那些商业模式过于复杂的企业更明智，这是个哲学性的探讨。但有时复杂性又会成为优势，通常还是巨大的优势。那些能够在商业战略中，成功地运用有利的复杂性、同时消除有害的复杂性的企业，就能够保持长久的竞争优势。通用电气就是一个例子，企业成功运用了复杂性以成为优势。实际上，研究表明复杂商业运营的成功管理、公司整体绩效和资金回报这三者之间有着直接联系。

商业模式和商业战略之间有何区别？

组织需理解商业模式和战略如何影响决策与行为。目前存在一个问题：商业模式和商业战略是否为同一件事物或者说是否等同。当许多初创企业对于如何创造价值或盈利鲜有或没有想法的时候，商业模式盛行一时。因此，我们就能够明白，为何很多人视初创企业为有战略却不知如何盈利的企业。

推特是一个恰当的例子。四年来，他们都持有相当不错的战略，却没有实际的商业模式。其中有三年，推特都专门雇人来开发商业模式，但一直没有人真正期待能随时从中得益。

任何成功的商业模式都该在基本战略原则下运行，包括一体化和差异化的概念。哈佛商学院的 Michael Porter 教授在 20 世纪 80 年代提出了一个观点，当时风靡世界。那就是要在价值创造的重要逻辑之下整顿你所有的企业运营方式，这也是有史以来所发展的最谨慎而切实可行的战略。一体化和差异化概念也与商业模式设计或商业模式创新有所不同，因为后者需要在各具特色的价值主张、商业活动和获利模式背景下，才能进行模糊运营。

当我们面对全新的商业模式创新时，它会和商业战略有所偏差。战略是在已有的既定市场空间和行业边界之内进行竞争的，并且使一系列商业活动趋于完善，正是这些商业活动让你实现了与竞争对手的差异化。商业模式设计是战略创新的一部分，本质上就是针对未来机会设计商业活动。它主要的使命就是回答以下问题。

商业模式与商业战略

只要我们理解了商业战略与商业模式之间的微妙区别，将这两个术语互换使用通常是可以接受的。二者都用来指代所有引导管理决策的成分和行为。在这两者之间有四个关键区别：

01/ 二者都描述了商业体制和行为，这些体制和行为展现了企业的几个部分是如何实现一体化的。然而，战略主要针对竞争，维持差异化，而商业模式关注的是不同要素之间的相互作用、各种联系，以及价值是如何创造、采集和传递的。简而言之，主要的关注点就是如何盈利。

02/ 商业战略包含了对运营决策和战略实施有直接影响的组织能力和组织文化。商业模式不只是价值链或价值网络中的商业职能。商业模式执行与资源配置的决策通常都为人所忽略。

03/ 对于企业如何盈利，商业模式将关注点狭义地置于价格策略、联盟和渠道选择上。这些决策都影响着上层建筑，且目标都是对收益的优化，有时也是为了保证企业初期的生存。另一方面，商业战略处理的是更有广度和深度的问题，包括资本结构、成本结构和资产运用。

04/ 商业模式以技术变化和动态竞争为准，因此也不断进行自我调整。另一方面，一旦战略被确定，剩下的就只有执行。

Human Touch /
Training Wheels /
Center Stage /
Specialist /

reset

商业模式设计框架

忘掉你的企业了解的能够达成的事情。首先问自己，目前正在创造什么样的价值，这些价值是如何与已有的或新兴的客户需求相契合的。在这个产业生态系统中，什么才是人与人之间的价值交换？现行的体系是如何回应客户需求，并在盈利的同时创造消费者剩余的？企业在与供应商、合作伙伴和客户的协作当中，执行了一系列紧密联系的行为，这种联系也是有目的的，它是商业模式设计的精髓。

进行商业模式的设计，将重要的建筑砌块和它们的关系共同置于价值链中，这次设计让管理者能够更好地理解价值流、更好地理解如何盈利，基于这两点更容易地做出决策。一旦商业模式运作起来，管理者就能对其进行适应和调整。对商业模式进行阐述、抓取和可视化，能够改进计划，也能在重要的股东之中提供共识。从设计思维的角度看，商业模式创新倾向于探索新方式，来得到更可变和无形的特质，例如价值主张、组织文化、价值和核心竞争力。与建立固定资产或长期基础建设不同，管理者能够从更多应变和创新的策略中发现大量的机会。设计思维方法对商业模式创新而言，可能会通过明确核心竞争力、资源和资产（包括知识产权）是如何用新兴的创新方式来影响其他事物，以此检验和探寻组织中潜在的现有价值。设计性思维力争说明潜在能力以及部分价值链中一个现有模型存在的问题的特征，还能探索组织的潜在能力或未开发的资产和资源用以重新组合成新模型的方式。

迄今对这个重要的工作还没有发展出理论和实验。创造性实验与分析性实验同样重要。我们在此提供一个概念工具，它能让读者设计出各自未来的商业模式，还能帮助管理者对他们现有的设计进行分析与再思考，以便依照未来进行调整。这需要辨认新兴行为，这些新兴行为能够影响现阶段价值创造的方式，还需要辨认出机会的驱动力。几个主要的行为体系牵涉的价值交换是什么，包含其中的每一个人，例如购买者和使用者，他们有时候会是不同的群体。现有的体系是如何对消费者的需求做出反应的，如何在为企业谋利的条件下创造出消费者剩余？

这种目标在客户价值主张中体现出来，主张领域经济逻辑相联系，需要很多有人、实物和 / 或任意商业模式一部分的资金来源参与的行为，以实现这个总体的特定目标。

针对企业本身或在企业与供应商、合作伙伴以及消费者的合作中，对从中表现出的互相依存行为进行设计——就是商业模式设计的精髓。这基本上是设计思维的行为：在不同的行为中试验并了解其间联系，能够为我们提供对方法的见解，这些方法让企业行为系统能根据竞争环境的改变或商业机会的调整，得以发展和彻底再设计。通过在企业界限内或跨企业进行模型可视化和行为映像，以明确设计，这是商业模式设计的背景。

在整体商业模式设计中，企业的收益模式扮演着至关重要的角色。对特定产品或服务而言，这与定价策略息息相关。收益模式对商业模式设计进行了补充，二者不可分割，就如同定价策略补充着市场策略。它们紧密相关，却又有所不同。商业模式适用于所有相关部分的全部价值创造。它通过确定总价值饼图的尺寸，将根基立于非常重要的企业价值采集之上，或立于在交易中产生的价值总和之上，我们将这些功能看作企业价值采集潜能的上限。

商业模式设计决定了企业基于战略资产、机会和能力的议价能力，也决定了竞争强度：创造的价值总和与焦点企业的议价能力越大，焦点企业能自由使用的价值数量就越多。然而，企业实际上采集了多少价值总和，取决于它的收益模式和是否对商业模式有锁定机制，例如改变商业模式的壁垒。创新产品或服务的商业模式设计能带来不同的影响；也许不是关于增加市场份额或增加在价值饼图中的比例，但与创造新的价值饼图有关，这个新价值饼图之前并不存在，但能迅速形成规模。新企业的接受曲线能像影响商业规模那样影响商业模式。

当设计一个新的商业模式时，前提是对假设再次检验，检验的内容是要考虑企业的核心竞争力是什么，还要考虑企业的边界。对战略的讨论则包括我们是谁？我们的独特性是什么？我们在什么样的行业之中？我们如何进行差异化？我们如何创造和采集价值？我们的运营模式是什么？许多价值链行为都仅仅基于交易，当设计思维应用于商业模式设计的时候，我们就需要创新，需要着眼于应当将更高的价值赋予哪些现有和新兴的行为。高价值活动要么能直接获利，要么能间接获利。不幸的是，企业表现出来的许多行为都不具备高价值，而仅仅为了维持运营现状而利用同样等级的能源和资源。

从概念隐喻开始

为了将设计思维应用于商业模式创新中，我们需要从正确的概念隐喻开始，来协助探究组织就新兴和创新商业模式而言的潜在能力。在商科教育的传统社会中，这种实践会从价值链开始，并应用一体化的概念来确定公司选择在价值链的哪一部分参与进去。但是，在设计思维的背景下，我们是从新兴的消费者需求入手，并将其运用于构建消费者的价值簇。基于这些簇，我们就能检验什么价值体系在今天尚未得到满足。每个价值体系就能为我们提供相关差异化，并使我们保持市场竞争力。在这种理想状态之下，我们就能看到现存的能力是如何传递这些行为的。

在设计价值传递体系的过程中，行业也需要确定出哪一个角色（要么是价值链中正占据的位置，要么是可能占据的位置）可能被消除或被外包给厂商以减少资本投资，尤其是对稀缺资源而言。这通常能够减少组织负担，同时也能为创新开辟新径。

你所听到的

将设计思维应用于商业模式设计

这就是你能够将
真正的设计思维
应用于真正的对象
当中去的地方。放下笔，
解放你的思维。

隐匿于表面之下的

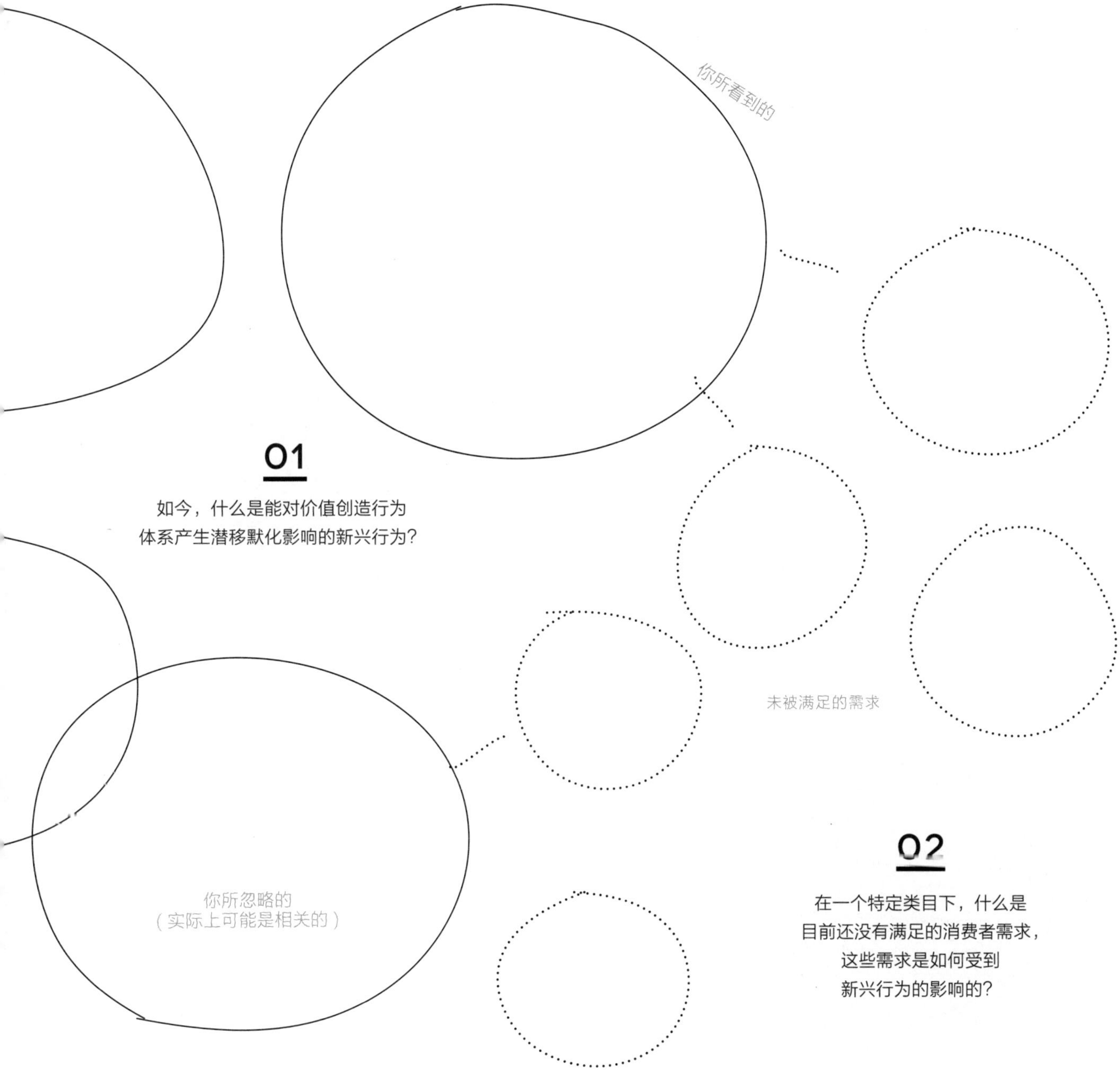

01

如今，什么是能对价值创造行为
体系产生潜移默化影响的新兴行为？

02

在一个特定类目下，什么是
目前还没有满足的消费者需求，
这些需求是如何受到
新兴行为的影响的？

03

每个部门是如何定义价值的，这些定义与企业所想相契合吗？

消费者一

对我来说重要的是什么？

消费者二

我最喜欢什么？

消费者三

我为什么东西付钱？

利用这些定义，我们能够进行什么假设？

04

识别出关键的差异，
并探究导致这些差异的原因。

05

目前，价值是如何
创造和传递的?

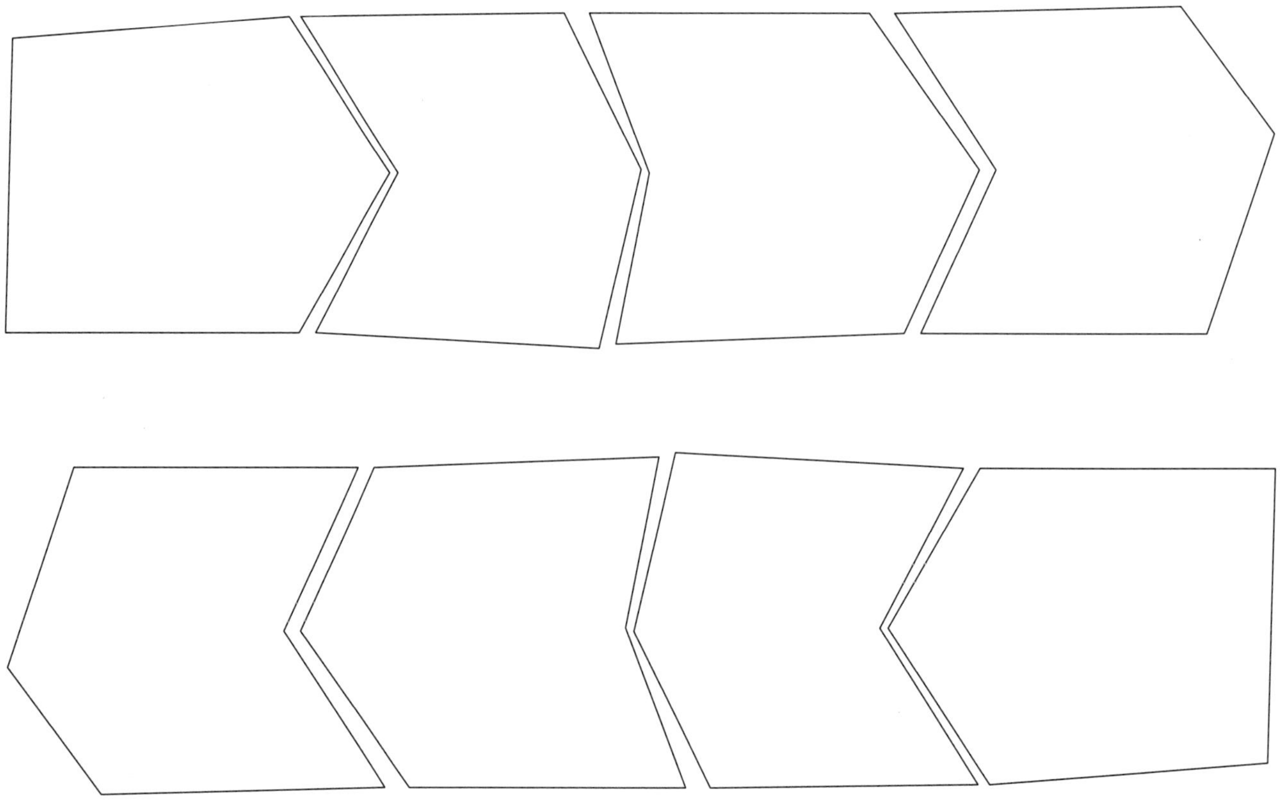

06

商业模式是基于单收益流
还是多收益流？什么是这些决策
背后的逻辑？

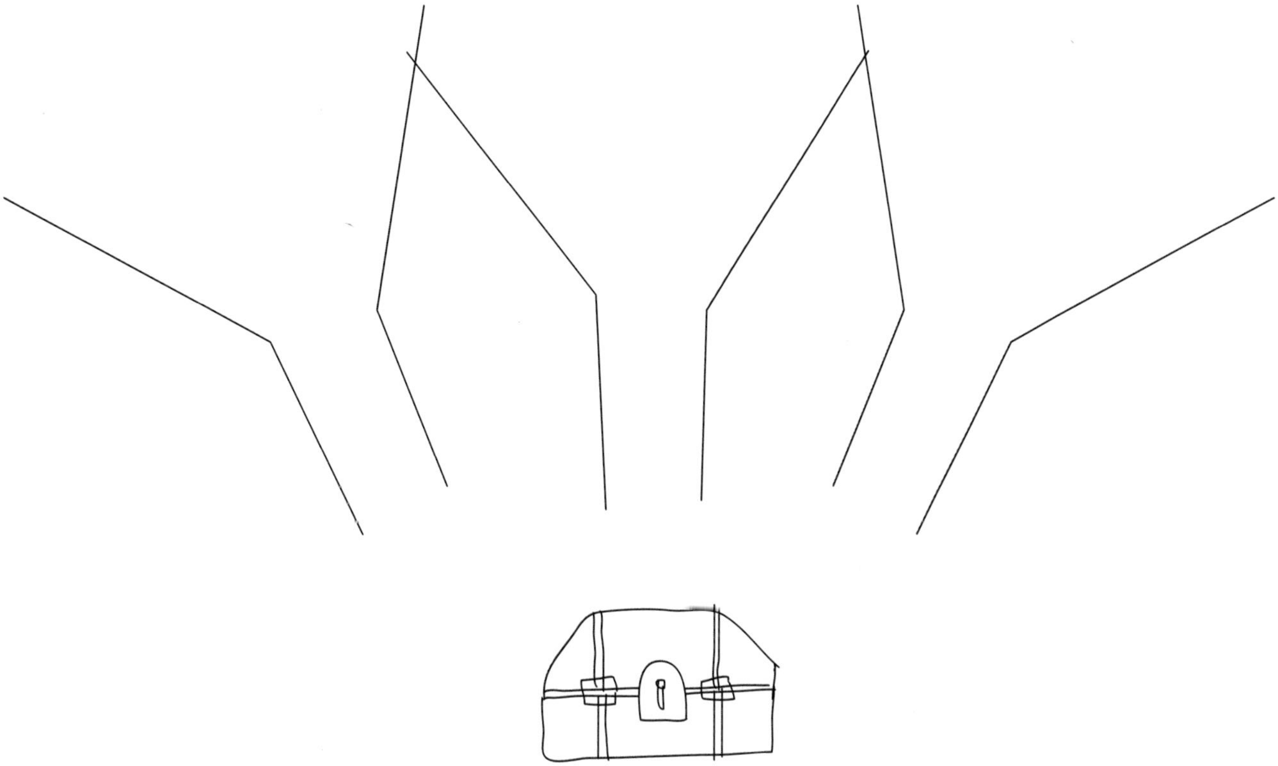

07

在客户价值体系中，改变的
新兴驱动力是什么？
什么是一体化行为的潜力？

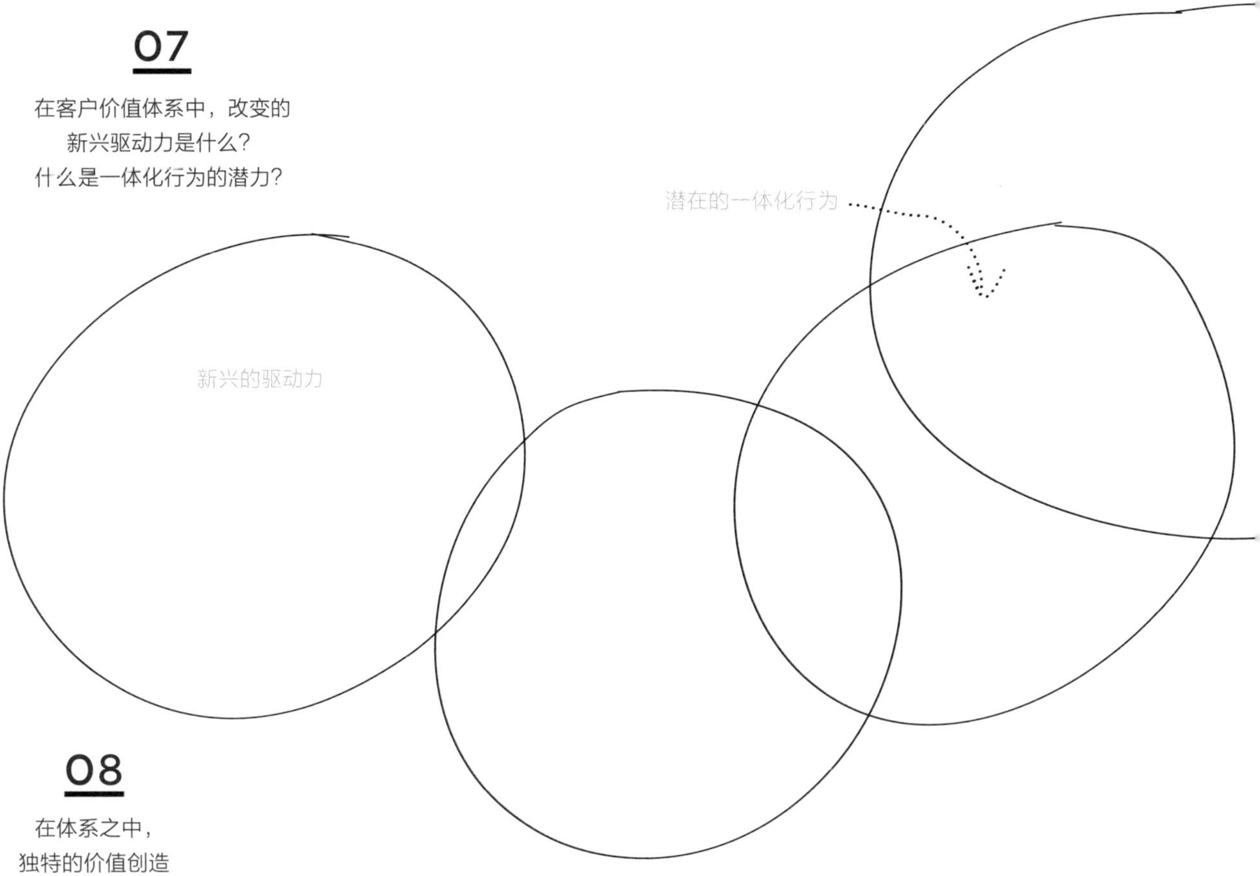

08

在体系之中，
独特的价值创造
活动有哪些？

09

价值是如何在
体系内迁移的？

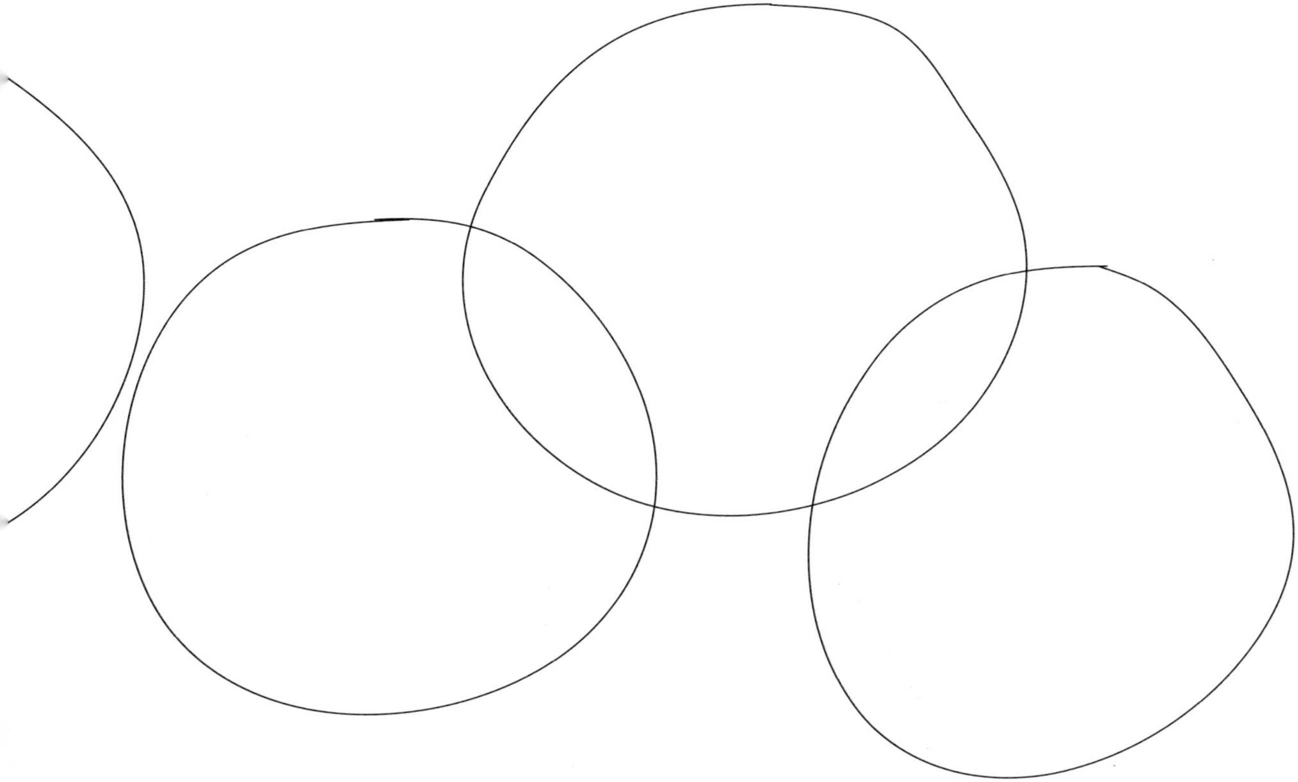

10

这些价值创造活动是如何彼此适应形成最具魅力的商业体系的?

11

这个价值创造和传递体系与
目前的体系相比如何？

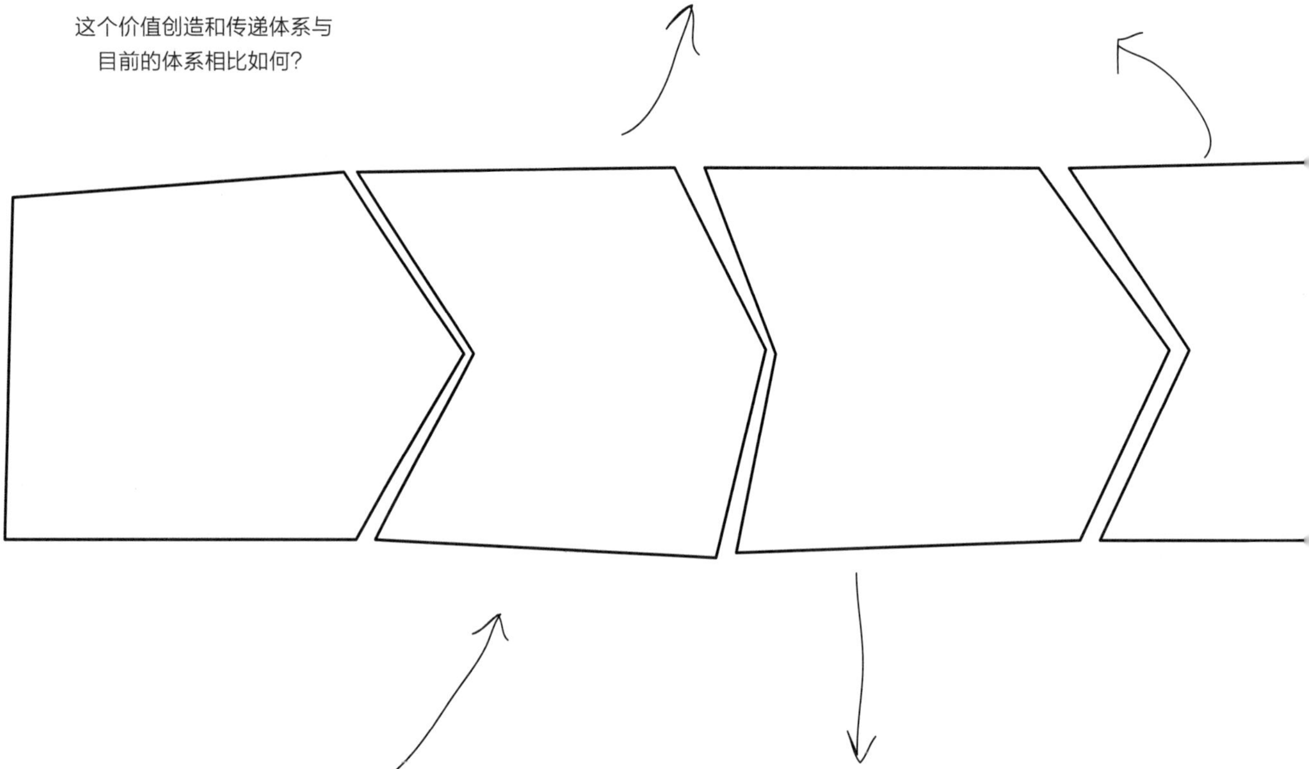

12

概述新旧商业模式独特的优势。

13

这些优势在短期和中期内会
如何变化，是什么引起了
这些变化？

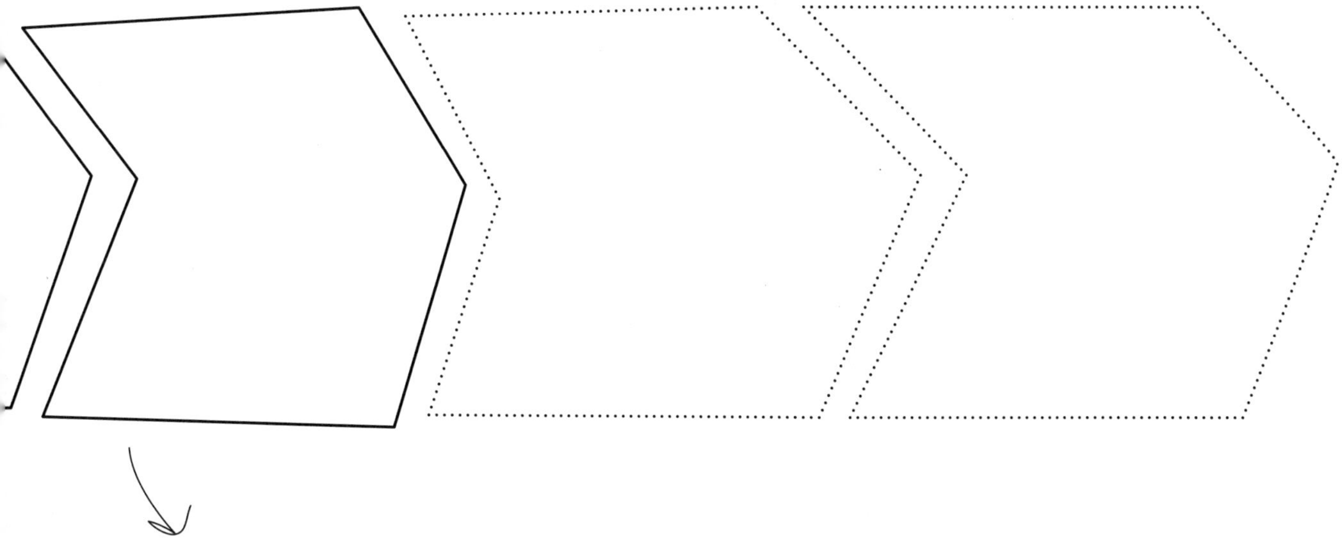

14

其他能够将能力和资产组合
起来传递到价值体系中的
创新方法还有哪些?

15

潜在的收益模式有哪些
(例如，销售、授权、订阅、
广告、赞助、交易)?

16

其他的支付选择有哪些？
能否赞助产品？
是否存在联盟机会？

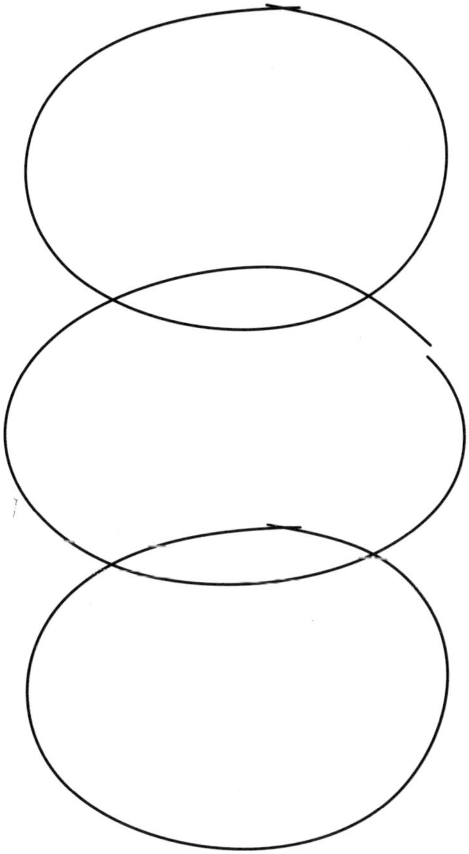

17

什么是能影响收益模式
决策的潜在购买行为？

18

我们的收益模式是否
与消费者价值或消费者
成就有所联系？

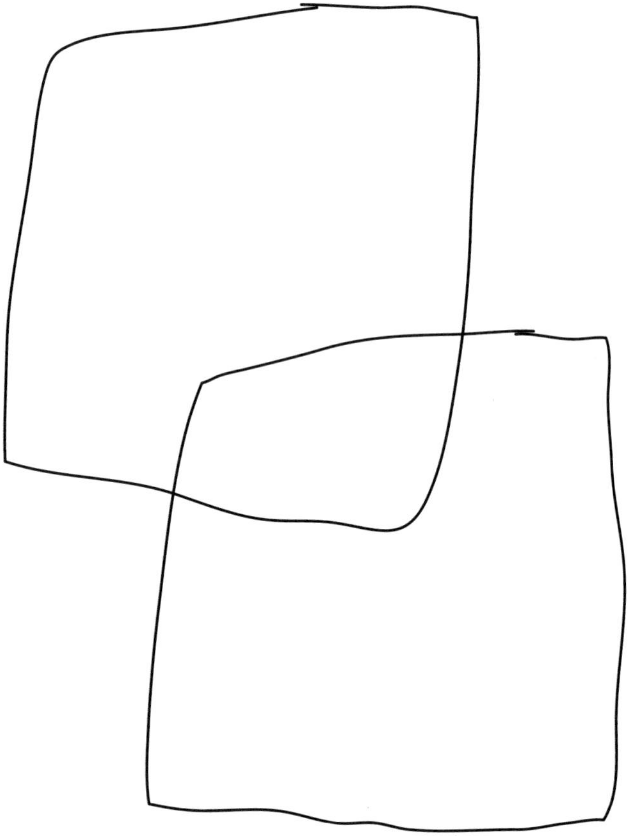

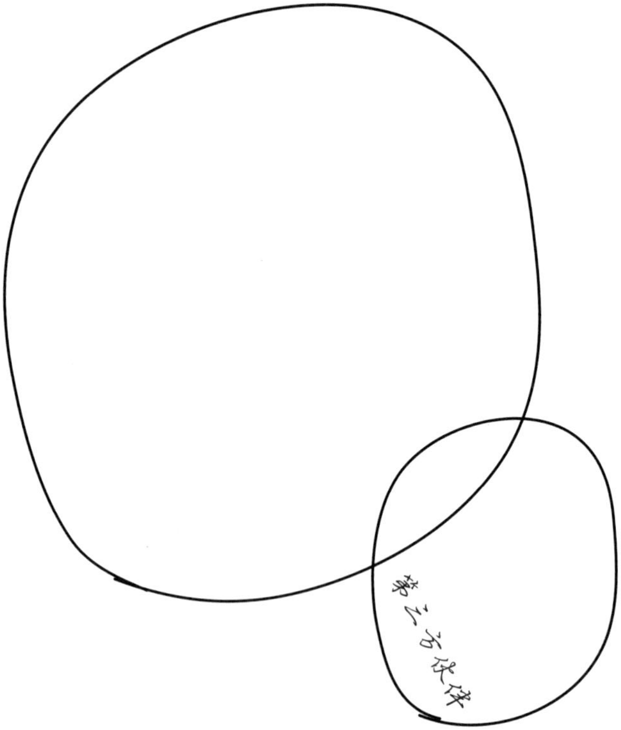

19

这个商业模式是否严重依赖
第三方伙伴来开发并提供收益流？

20

在什么情况下，我们需要
因为收益来源的改变而
研究改变商业模式？

21

在接下来的三到五年内价值会
如何迁移？这个商业模式的预期
寿命有多长？现有的商业模式
会在什么情况下失效？

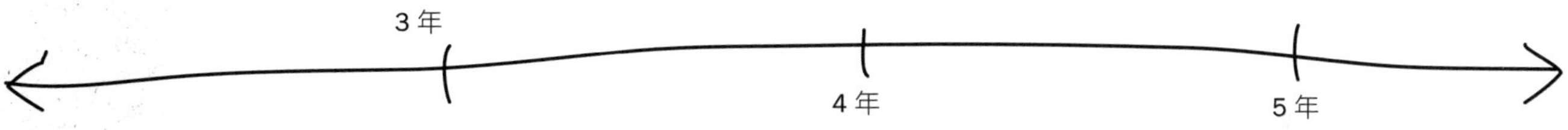

思考要点

持续时间最久的竞争优势存在于稳健的商业模式设计之中。尽管表面上看来，可供选择的商业模式非常有限，但运用不同商业模式竞争的企业会有极其不同的结果。分析商业模式不能刻板，应当站在系统性的角度思考，这往往会比较复杂。网络效应是技术的外生特点，赢家通吃的结局在平台式竞争中屡见不鲜。设计性思维能够应用于可视化中，还能明确相关关系与不同商业模式所带来的长期影响以及各自的优劣势。当这些商业模式以简单的电子表格形式呈现出来时，就会有一种对于未来的确定性错觉。电子表格并不能为用户带来预见整个供需关系的能力，这也是那么多新商业模式失败的原因，即使这些模式从表格和幻灯片上看起来非常稳健。

商业模式再设计往往需要转变组织结构、流程、文化和能力。这往往未曾被人考虑到，或者仅仅是事后想法，这也是商业模式设计与实现鲜有成功的普遍原因。商业模式、组织形态与决策结构三者联系紧密。大多数独特的商业模式都需要有独特的组织设计作为保障。

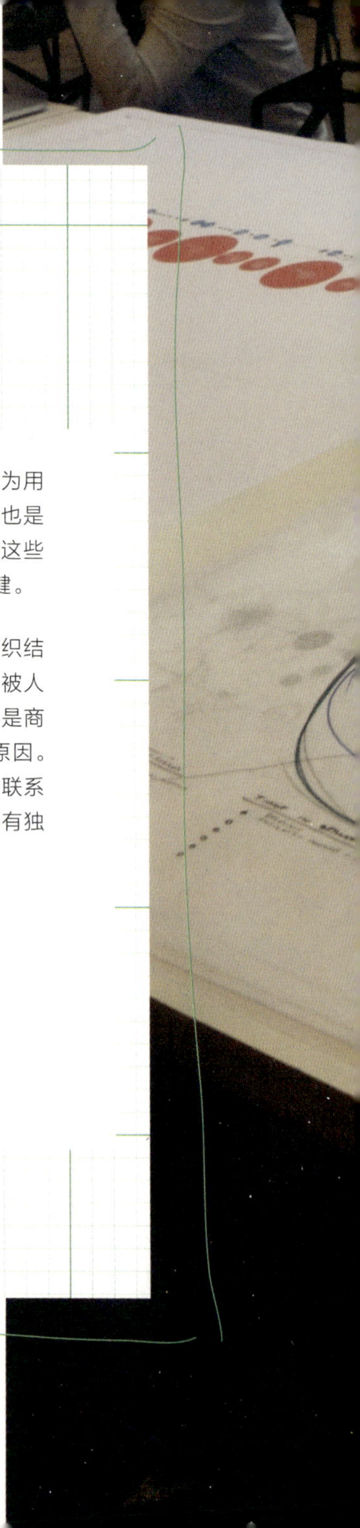

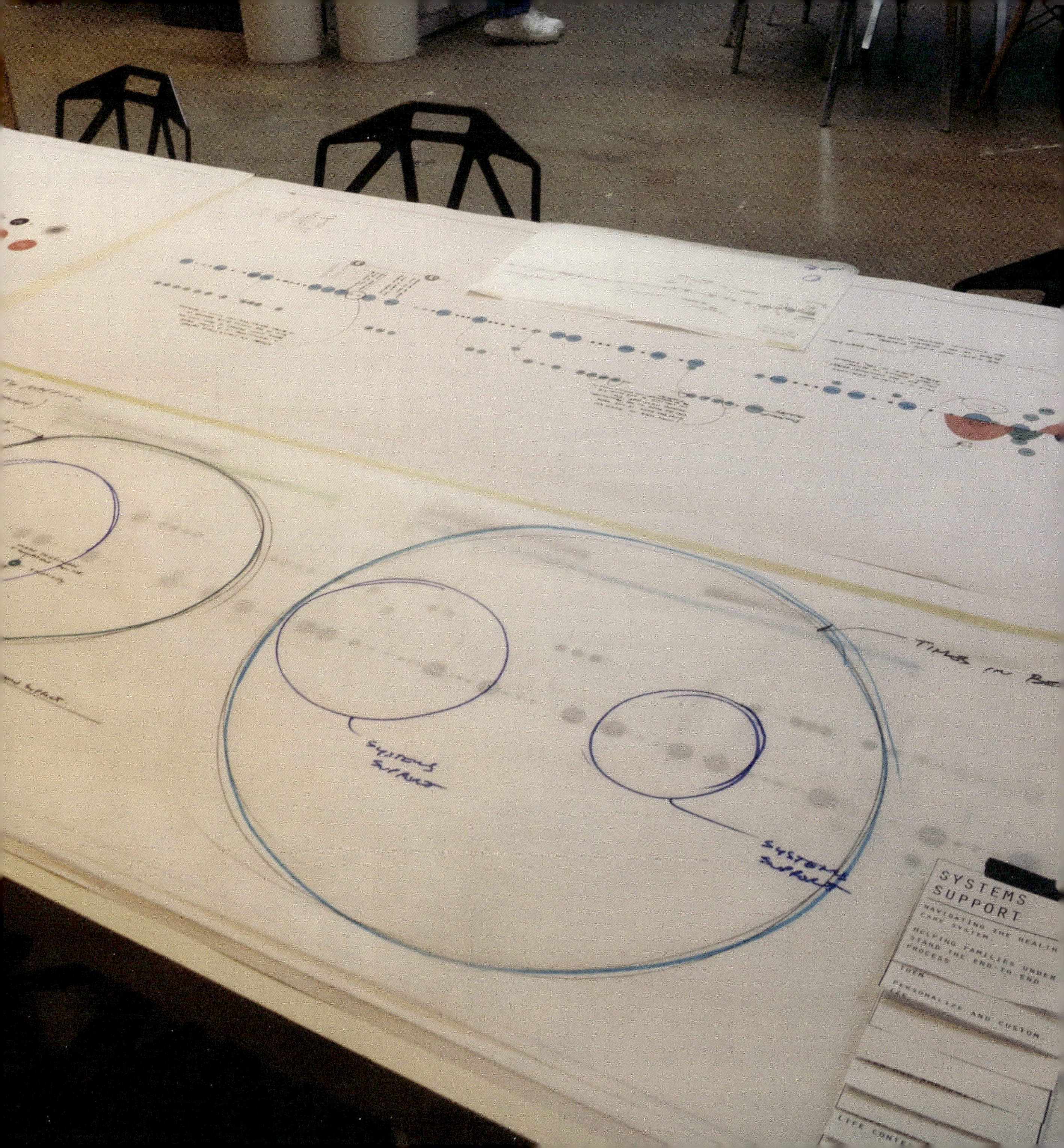
SYSTEMS SUPPORT

BANBUR
BLAIRBETH
BAILLIE
ICESTE
ODICOT
RACKLE
UCKINGHA
IPPING NORT
SER
P.RIV

New Selected Poems

HIRING DESIGN
IS NOT ENOUGH
WE NEED TO CR
DESIGN THINKI

THINKERS

第五篇 聘用设计思维工作人员是远远不够的，我们需要创建设计思维公司

ATE

G COMPANIES.

9
JANUARY
TUESDAY
8
JANUARY
FRIDAY
11
2013
FRIDAY
25
2013
TUESDAY
15
JANUARY
2013
WEDNESDAY
23
JANUARY
2013
FRIDAY
25
JANUARY
SUNDAY
20
JANUARY
TUESDAY
22
JANUARY
16
JANUARY

是时候弄清楚什么是战略规划了。这是两件独立的事物：战略和规划。规划有关分析，而战略有关综合。规划有关事实、人员、流程、运营和经费预算，而战略需要有创造性思维，去考虑消费者需求、核心能力、竞争以及竞争优势。规划是过程方法，主要考虑我们认为会发生的事情的可能性和这些事情是如何发生的，而不是考虑我们希望发生的事情的可能性和我们能够让其发生的事情的可能性。战略是一个持续更新和意义构建的过程，横跨现在与未来的竞争、财务健康与战略健康、对核心竞争力的过度开发或根本不去利用它。设计思维帮助领导者处理这些悖论，并围绕全新的价值体系和未来的可能性驱动战略性对话和决策。

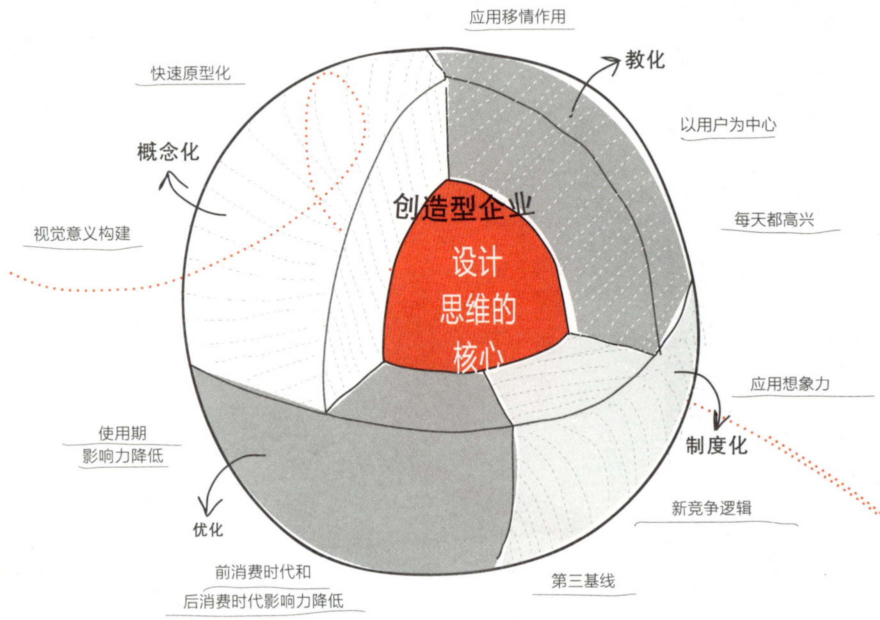

我们对提高世界上极度贫困人民的生活质量无能为力，Bill Gates 对此感到沮丧。他认为我们能做得更好。他谈及一种新体系，能将资本主义的盈利动机与认可的权力联系起来。一旦我们找到“按为企业谋利和得到认可的方式，来满足穷人需求的途径，”他说，“我们会寻找到减少世上贫困的可持续的方式。”

Bill Gates 和许多其他领导人都认为企业是全球变革最有力的动力。没有其他机构，包括宗教、政府或非政府组织有资源、经验或效率来处理目前和未来最恶劣的社会、环境、教育、基础设施、医疗或财政的挑战。然而，要转变这个世界，企业必须从转变自身开始。

“生存最久的企业是那些致力于为世界提供独一无二的产品的企业——不仅仅是关注成长或者金钱，更关注企业卓越，对其他企业的尊重，或是能让人们幸福的能力。有些人把这称为精神。”

——Charles Handy

Jack Mackey 是 Whole Food 的创始人兼 CEO，他的思想伙伴 Raj Sisodia 是一位商科教授，他们在其著作《 Conscious Capitalism 》中写道，资本主义能够成为经济和社会的推动力。Bill George 是 Medtronic 的前 CEO，他在这本书的序言中写道：“运营情况良好、以价值为中心的企业，相较于社会上任何其他组织而言，能用更多可行的方式为人类做出贡献。”

这些转变也发生在我们身上。跟随互联网长大并通过社交媒体来进行分享的一代消费者，会从他们喜爱的品牌中期待更多。Richard Florida 所言的“创意阶层”就希望他们的雇主能在工作中为他们带来真正的意义和目标。B 型企业（B-corp）的出现为行业运营树立了新标准。每个人都希望企业的组成和行为更健康、更持久。而且，内容（尤其是反映你是谁、你信仰什么、你在社会上做什么工作的内容）再次为王。

随着这种转变的蔓延，由于下一代商人成为各自领域的领袖，他们得以施加极大的影响力和权威，并将企业引领至创新资本主义时代，但是只有当他们适应并采用能满足人们对积极变革期望的方式来经营企业时，才能够如此。

方式之一就是追随直觉。组织理论家 James March 和 Richard Cyert 在他们影响重大的一本著作《 A Behavioral Theory of the Firm 》中谈道，直觉对企业成功至关重要。他们建议管理者将直觉视为事实，将记忆视为敌人，将经验视为理论，将自我视为假说。不管最后决策是什么，这在一定程度上都应当由直觉驱动。如若不然，则所有企业和战略问题都会继续由数学和算法来解决。设计思维教会我们要将直觉引入到战略过程中。

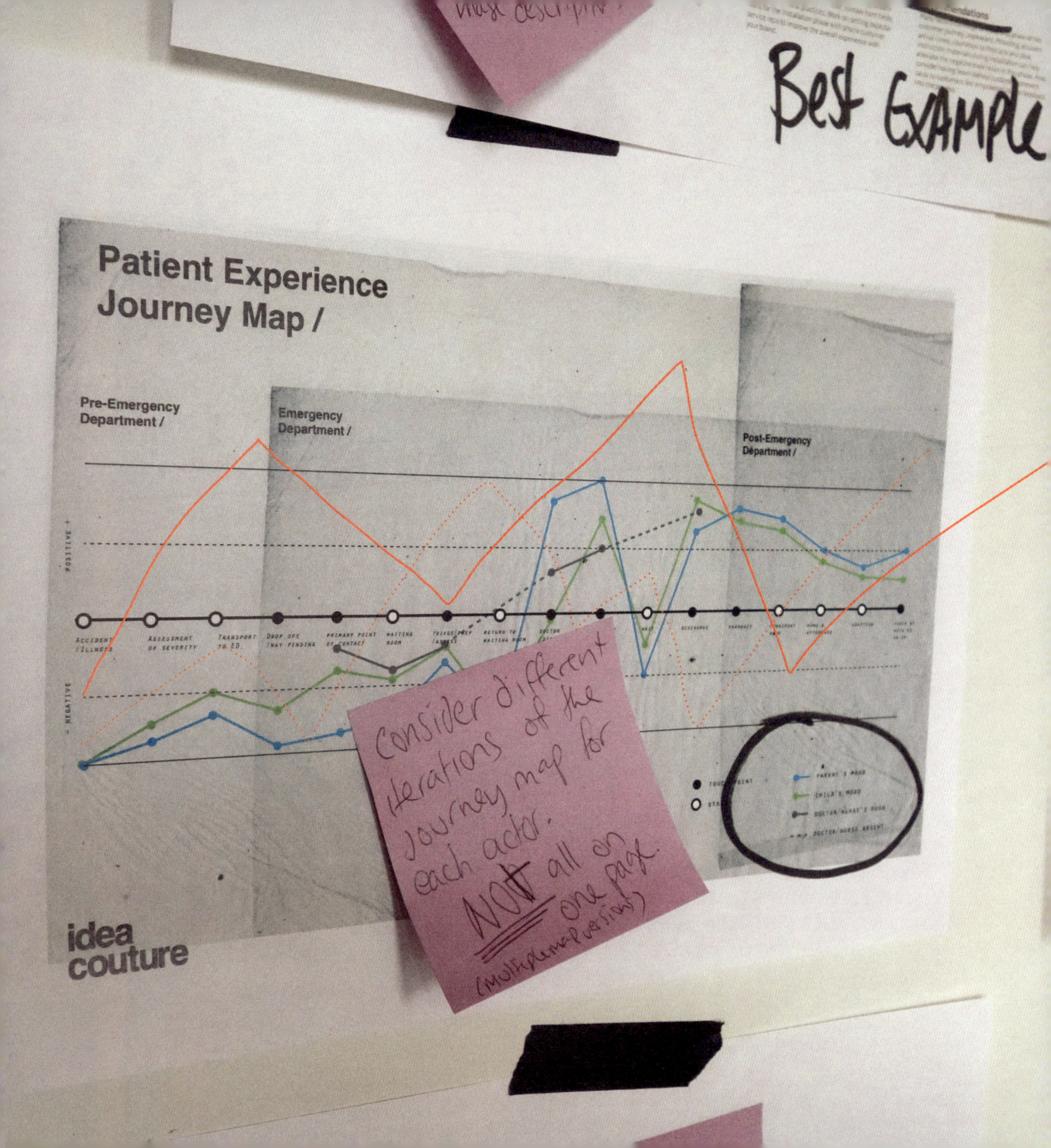
Best EXAMPLE
Patient Experience Journey Map /
Pre-Emergency Department /
Emergency Department /
Post-Emergency Department /
POSITIVE +
− NEGATIVE
ACCIDENT / ILLNESS
ASSESSMENT OF SEVERITY
TRANSPORT TO ED
DROP OFF / WAY FINDING
PRIMARY POINT OF CONTACT
WAITING ROOM
Consider different iterations of the journey map for each actor.
NOT all on one page.
(multiple map versions)
idea couture

“思维就像降落伞；只有在打开的时候才会起作用。”

——Thomas R. Dewar

对未来的企业领导们而言，另一种方式是关注想象力。在“Theory Construction as Disciplined Imagination”一文中，组织理论家Karl Weick提出，战略家和其他人能通过强调受过训练的想象，来增加成功概率。提及训练，他仅仅是指对天马行空的想象的平衡。提及想象力，他指的是思维上审慎的多样性，在成功阐述问题、生成选择方案、对方案进行评估这些方面都需要这些多样性。当在不断发展并受过训练的基础上行动时，他认为组织就能够不断地传递更好、更准确的结果。这个想法用以平衡逻辑和想象力——或者教会设计师们像商人一样思考，教会商人们像设计师们一样思考——设计思维是将创新性想象力应用到规划和战略中去的最有效的方式。

设计思维的范式转换

投资组合	代替	规划
实践	代替	理论
目的	代替	权力
系统	代替	对象
敏捷	代替	结构
快速学习	代替	正式教育
反抗	代替	服从

“测试是否高智，体现在测试同时在思维上把握两种对立观点的能力，并仍然能发挥这个能力。例如，测试应当能够意识到一些无望的事物，却仍然能够下决心完成。”

——F. Scott Pitzgerald

而另外一种方式是将眼光超越商业世界的即时生态系统。用于规划的战略规划模型本质上是简化的且具有限制性。通过将企业的每个部分细分为子部门，围绕着组成部门构建有组织的团队，管理者们就能够将成功基于此，开发自己的策略计划来支持他们已识别出的最具吸引力和操作性的备选方案。结果是几千页幻灯片都围绕着企业自言自语。设计思维能够帮助管理者们思考世界上正在浮现的更宽泛的系统，相互依存、互相连接的关系，以及行为模式。很大程度上顾客会基于那些行为，决定是否购买你的产品。

在目前的情境下，需要重新思考竞争优势。持续性竞争优势的假设是这种优势能够在一种稳定的状态获得，这种想法鼓励着所有的错误行为，反映了当商业模式过时时允许惰性的存在。这导致了拒绝塑造未来，而不是积极地参与塑造未来。

最后，未来的商界领袖持续获得绩效的最重要的方式就是适应并采用以人为本的理念。工业革命已经过去。大众营销时代已经过去。甚至全球化时代似乎也已经过去。目前与未来就是亲密关系时代的初始。我们爱着，我们分享着，我们做朋友，我们联系着，我们互相招待，我们相互认可，我们相互沟通；企业也需要学着做同样的事情。

设计思维以人为本，它是人们之间的互动。它的出发点可以用伟大的 Charles Eame 的引述来做最好的总结：“识别需求是设计的首要条件。”如今愈发如此，尤其是在变化的时代、危机迭发的时代，企业需要用以人为本的方式，来为那些最终决定企业收益大小的人创造实际价值。

想象一个由直觉、想象力、相互依存和人性共同塑造出的商业世界。那些能够平衡和引导数据、指标、分析、战略和规划的员工、经理以及高层管理人员都是哈沃德·加德纳（Howard Gardner）综合思维的真实案例。每个团队都是由跨学科的人或设计思维工作者们组成的多学科团体。

这对今天大多数的企业来说还任重道远。尽管效率在学科专业化的旧世界是关键制胜因素，但它同时也是绊脚石。组织孤岛无处不在，许多企业都在自动运行。这些企业将人们与其他人的知识分离开来，创建了限制实际交流的词汇表，为合作设置了障碍，将创新视为疯狂举动，敞开大门欢迎管理咨询人员，并用数据、工作表和幻灯片来宣传现状。

这些问题根植于我们的教育体系中，包括商学院和设计学院。在许多商学院中，教授之间几乎不会合作，也不会与企业界合作，做项目的学生也存在严重的创新不足。问题出在哪里？是因为我们的教育体系不能培养出有创造力的商业人士吗？是因为有创造力的人没有进入商学院吗？还是因为人力资源部门不能筛选并雇佣到有创造力的员工？

在许多设计学院中，教授对企业如何运作所知甚少，他们培养的学生努力在超出机械技术的范围为雇主提供价值。这里有什么问题？是因为我们的教育体系不能培养出足够多的具有分析能力的设计师吗？是因为有分析能力的人没有被招进设计学院吗？还是因为人力资源部门不敢雇佣有创造力、能胜任其职位的人到分析岗位？

具有讽刺意味的是，几乎这两个学院的每个人都承认，应当在交叉学科的环境下培养学生。例如，哥伦比亚大学和耶鲁大学的商学院都开始换思路思考。哥伦比亚大学安排了两个交叉学科基地用于研究和教学，其中一个注重决策和谈判，另一个注重战略。设计学院也一样。帕森设计学院在交叉学科设计上培养艺术硕士，应用设计思维来研究城市、服务和生态系统的交叉部分。Jamer Hunt 会用全新的方式来教学生探究一系列设计问题，从振兴公共领域到培育可持续日常行为。这些都是小举措，我们需要见证更多。

未来的挑战需要交叉学科思考者，他们会思维优先，解决方式其次。如今的外行和专家都会声称自己来自商界、设计界、工程界，而无法适当描述出自己会成为什么人、以后会做什么。然而，他们最后都会成为综合体。设计思维工作者基本上就是综合体，因为他们同时持有理性与感性的特质。这类人的工作就是将不同学科的观点、信息、心智模型和方法整合起来，并应用于解决重大问题。

雇佣有这些技能的人还远远不够。组织需要把他们融入自己的基因中。如果 Bill Gates 的号召行动能够实现，那么世上的商学院和设计学院都需要培训年轻人，为年轻人提供应对挑战的技能，这已经超出了专业学科的领域。

我们的毕业生将必须开发多学科和认识论的元知识。为了深化理解，有效地设计问题，他们必须学会有针对性地、主动地将不同的通常是竞争的观点进行集成。

对传统学术边界和大企业的传统运作边界重新进行思考是一个很重要的任务。我们明白自己要去哪里。挑战永远存在，但转变至关重要。如今正是开始弥合教育和就业之间、设计和商业之间以及其余议题之间差距的好时机，这一时机使我们可以不在一起工作，这将极大地释放我们对更好未来的想象。

Opportunity Mapping
03 INNOVATION PROCESS CARDS
idea couture
ideacouture.com
05
02 INNOVATION PROCESS CARDS
idea couture
ideacouture.com
Innovation Journeys & Immersion Experiences
Foresight
b school idea couture
d school idea couture
strategy in the age
how do we anticipat
industry breakpoints
buenos
idea couture

作者简介

Idris Mootee 是战略创新和商业战略应用设计思维方面的权威，他为企业高管提供董事会层面的战略咨询和创新指导已有很长时间。Idris 目前是 Idea Couture 的首席执行官，Idea Couture 公司是一家全球战略创新企业，在伦敦、旧金山、上海、多伦多、墨西哥城和迪拜都有办事处，他就是在这些地方为不同行业的客户提供建议，包括设计创新流程、识别最高价值的创新机会、发展创新能力。他在哈佛大学设计研究生院为商业创新执行教育计划规划并讲授设计性思维，同时是国际上许多商学院和设计学院的访问学者。Idris 在世界上大多数知名的管理会议上都做过报告，也是主要的媒体渠道的定期撰稿人。

推荐阅读

产品设计与开发（原书第5版）

书号：978-7-111-50382-8 作者：卡尔 T. 乌利齐 等 定价：85.00元

全面系统阐述复杂产品开发的流程、工具和方法，宾夕法尼亚大学沃顿商学院Ulrich教授和麻省理工学院斯隆管理学院Eppinger教授联袂编写，为企业和个人提高自主创新能力提供有力的理论和方法支持。

本书将当今的开发和设计问题分为顾客需求识别、面向制造的设计、原型化和工业设计等一系列过程，清晰而详尽地提出了一套产品开发技术，旨在将企业的市场营销、设计和制造职能结合起来。本书提出的集成化方法有利于不同学科视角的人解决问题和制定决策，它反映了当前工业界正趋向于跨职能团队的产品设计和开发。

推荐阅读

缔造颠覆：如何创造颠覆性产品并引领未来市场

书号：978-7-111-54141-7 作者：保罗·佩兹 定价：59.00元

从伊莱·惠特尼（Eli Whitney）到亨利·福特（Henry Ford），从雷·克洛克（Ray Kroc）到史蒂夫·乔布斯（Steve Jobs），市场颠覆者获益颇丰且名利双收。是否只有手握独门绝技的旷世奇才才能改变世界？非也。颠覆市场是一门学科，是可以习得的。对于企业家、CEO、产品开发者、创新者，以及所有想要通过新的产品或服务来系统性地颠覆市场的人，有本书在手，你将洞悉如何缔造颠覆。

本书讨论的核心问题是"如何创建颠覆性公司、产品和文化"，书中为产品开发、营销策略和商业模式设计提供逐步指导，以最大限度地提高市场颠覆成功的可能性。书中包含许多颠覆性公司和产品的实例，使主流颠覆性创新理论成功落地，并深入到实践之中。

推荐阅读

系统思维：复杂商业系统的设计之道（原书第3版）

书号：978-7-111-46238-5 作者：Jamshid Gharajedaghi 定价：79.00元

爱因斯坦说过，“如果不改变我们已有的思维模式，那么我们将无法解决这些思维模式所带来的问题”。贾姆希德开发出了一种思维模式，可以解决这些问题。

—— 罗素·艾可夫，著名管理学家，宾夕法尼亚大学沃顿商学院名誉教授

格哈拉杰达挑战了我们的思维，让我们退后一步，基于理想的竞争定位进行思考，而非向前一步，基于我们已有的定位和各种制约，其结果就是更大胆地对改变进行思考。贾姆希德推动了对公司的优势、劣势以及其可能达到的理想状态的现实评估，并创造了从A点到达B点的路径。

——Bill Tiefel，万豪酒店总裁

在全球市场经济浪潮下，可行业务不能再继续被固定为单一的形式或者功能。反之，成功是建立在自我更新的能力之上，这种能力可以自发地建立结构、功能和流程，以适应频繁波动的商业格局。本书全面而系统地介绍“系统思维”的概念与应用，阐释一种卓有成效的洞悉混沌、理解复杂性的思维方式和解决之道，并通过5个实际案例详细阐述其在复杂商业系统设计和重塑中的具体实施步骤及方法，为在日趋混乱和复杂的环境中定义问题并设计解决方案提供了可操作的方法。